Hamburger Edition

Lisa Adkins | Melinda Cooper |
Martijn Konings

Die Asset-Ökonomie

Eigentum und die neue Logik der Ungleichheit

Aus dem Englischen von
Enrico Heinemann

Hamburger Edition

Hamburger Edition HIS Verlagsges. mbH
Verlag des Hamburger Instituts für Sozialforschung
Mittelweg 36
20148 Hamburg
www.hamburger-edition.de

This edition is published by arrangement with Polity Press Ltd., Cambridge
First published by Politiy Press 2020
Titel der Originalausgabe: »The Asset Economy. Property Ownership
and the New Logic of Inequality«

Gestaltung: Lisa Neuhalfen, Berlin
Satz aus der Alegreya Serif und Sans
Druck und Bindung: CPI books GmbH, Leck
ISBN 978-3-86854-386-5
1. Auflage Mai 2024

Inhalt

Vorwort

Die Zusammenarbeit, die zur Entstehung dieses Buchs führte, hat sich aus den Gemeinsamkeiten unserer individuellen Forschung ergeben. In allen unseren neueren Büchern (Adkins, *The Time of Money*, Cooper, *Family Values*, und Konings, *Kapital und Zeit*) hatten wir hervorgehoben, dass in der gegenwärtigen Gesellschaft eine spekulative vermögens-, also um Assets zentrierte Wirtschaftslogik eine immer größere Rolle spielt. In diesem Buch bauen wir auf dieser Arbeit auf, mit dem Ziel, neu über Klasse und Ungleichheit nachzudenken.

Wir danken besonders der Faculty of Arts and Social Sciences der Universität Sydney, dass sie dieses Projekt als Institution großzügig unterstützt hat, insbesondere durch ihr Future-Fix-Programm »Asset Ownership and the New Inequality«.

Im Folgenden verweisen wir häufig auf die Finanzkrise von 2007/2008. Seit diesem Ereignis haben sich die Ungleichheiten beim vermögensbasierten Wohlstand verschärft. Zur Zeit der Drucklegung dieses Buch erlebte die Welt eine völlig andere Art von Notstand: die Covid-19-Pandemie. In zahlreichen Ländern häuften sich die Todesfälle dramatisch, Regierungen verhängten Ausgangssperren und Kontaktbeschränkungen, und Millionen Menschen verloren ihre Beschäftigung, weil Unternehmen schließen mussten. Auch trug die Krise stark dazu bei, dass die bestehenden Ausmaße an Ungleichheit in den Blick rücken. Während Vermögende die Möglichkeit hatten, in Ferienwohnungen Zuflucht zu suchen, konnten sich zahlreiche Beschäftigte keinerlei »soziale Isolierung« leisten, weil sie auf die nächste Gehaltszahlung angewiesen waren. Irgendwo zwischen diesen Extremen gab es eine Mittelschicht, die die Krise, vielleicht mit einigen Blessuren, überstehen konnte, aber immer deutlicher erkannte, wie prekär ihre – finanzielle und andere – Absicherung tatsächlich ist.

Zentralbanken weiteten ihre Ankaufprogramme für Anleihen aus und trieben die »quantitative Lockerung« in Umfang und Ausmaß in neue Höhen. Und obwohl Donald Trump die Auswirkungen der Pandemie auf die öffentliche Gesundheit beharrlich kleingeredet hat, billigte er ein 2 Billionen Dollar umfassendes Rettungspaket, das weitgehend der Logik der Trickle-down-Ökonomie folgt: Es unterstützt angeschlagene Unternehmen in der Hoffnung, dass sie ihre Beschäftigten in Lohn und Brot halten. Andere Länder, darunter Großbritannien und Kanada, garantierten dagegen direkte Lohnfortzahlungen. Solche Schritte nährten Hoffnungen auf ein dauerhafteres Wiederaufleben des Keynesianismus oder sogar auf ein radikales Programm für eine progressive Wirtschaftspolitik. Aber auch wenn außergewöhnliche Herausforderungen den Horizont für politische Möglichkeiten erweitern, dürfen wir nicht vergessen, dass nach der Krise von 2007/2008 die erhoffte Rückkehr zum Keynesianismus rasch in eine aggressive Austeritätspolitik umgemünzt wurde.

Diesmal steht politisch noch mehr auf dem Spiel. Wenn die Zeit nach der Covid-19-Pandemie mit einer weiteren Welle der Vermögenspreisinflation einhergeht und Wohneigentum die einzig reale – aber immer unrealistischere – Möglichkeit für »einfache« Menschen bleibt, an deren Logik teilzuhaben, dann setzt sich auch im nächsten Jahrzehnt die soziale und politische Polarisierung fort, die für die vergangene Dekade so kennzeichnend war.

Einführung

Anfang 2019 prägte *The Economist* den Begriff »Millennial-Sozialismus« für das Anwachsen einer kritischen linksorientierten Stimmung in einer Generation, die bis vor Kurzem noch vor allem für ihr Anspruchsdenken und ihre Fixierung auf die sozialen Medien bekannt gewesen war. Das Blatt verwies dabei auf den großen Prozentsatz an jungen Menschen, die positiv über den Sozialismus denken, und darauf, dass »[i]n den Vorwahlen 2016 Bernie Sanders mehr Stimmen von jungen Leuten auf sich vereinigen konnte als Hillary Clinton und Donald Trump zusammengenommen«. Der *Economist* räumte ein, dass manche dieser Millennials für ihre politischen Einstellungen vielleicht gute Gründe hatten, verkündete aber sogleich, dass ein Verständnis für diesen Trend keineswegs dazu verleiten dürfe, ihn gutzuheißen oder zu legitimieren: Der Sozialismus bleibe so gefährlich, wie er immer gewesen sei. Der Millennial-Sozialismus sei überaus »pessimistisch« und beinhalte »politisch gefährliche« Wünsche. Auch wenn das Blatt seiner »erfrischenden Bereitschaft, den Status quo infrage zu stellen«, eine gewisse Anerkennung zollte, prangerte es heftig seinen naiven »Glauben an die Unbestechlichkeit des kollektiven Handelns« an. Der *Sydney Morning Herald* zog im selben Monat mit einem Meinungsartikel nach, laut dem der Millennial-Sozialismus seine Ursachen in der »wachsenden Sorge« der Millennials »um ihre wirtschaftlichen Aussichten« habe (und insbesondere, weil es praktisch unmöglich geworden ist, in den größten Städten des Landes noch Wohneigentum zu erwerben). Aber nichtsdestotrotz spiegele er als eine politische Entscheidung doch offenbar vor allem Unkenntnis und Vergessenheit wider, was die Schrecken des Kommunismus betreffe.[1]

Die Aufmerksamkeit, die die etablierten Medien der politischen Positionierung der Millennial-Generation widmeten, zeugt von einer sich verändernden Realität. Diesen politischen Bewusstseinswandel als ein Schisma zwischen den Generationen darzustellen, scheint allerdings auf dürftigen konzeptionellen Grundlagen zu beruhen. Auch wenn die Generationenanalyse in die öffentliche Debatte zurückkehren mag, ist sie in den Sozialwissenschaften faktisch weitgehend aus der Mode gekommen. Die Vorstellung, dass eine ungefähr zeitgleiche Geburt oder das Miterleben derselben historischen Ereignisse eine natürliche Solidarität schaffe, gilt inzwischen als allzu grobe Vereinfachung, bei der eine Reihe anderer struktureller Ungleichheiten außer Acht bleibt, die sich auf die Stellung der Menschen in der sozialen Hierarchie weitaus stärker auszuwirken scheint. So, wie es arme Babyboomer*innen gibt, gibt es auch märchenhaft reiche Millennials.

Dennoch spielt irgendein Element des Unterschieds zwischen den Generationen in der gegenwärtigen Logik offenbar unleugbar eine Rolle. Was machen wir also daraus? In eine Richtung wies hier die *Financial Times*[2], die zumeist eher be-

1 Switzer, »Anxiety plus Ignorance«.

2 *Financial Times*, »Quantitative Easing was the Father of Millennial Socialism«.

reit ist, die kritische Analyse zu nutzen, um der Aufrechterhaltung des Kapitalismus das Wort zu reden. Unterlegt mit Fotos des Wirtschaftswissenschaftlers und Ex-Zentralbankchefs Ben Bernanke und der demokratischen Politikerin Alexandria Ocasio-Cortez aus der Millennial-Generation vertrat die Zeitung in einem Meinungsartikel, dass die »quantitative Lockerung die Mutter des Millennial-Sozialismus« sei. Diese »Lockerung« ist eine Geldpolitik, auf die im vergangenen Jahrzehnt die Zentralbanken zahlreicher Länder gesetzt hatten, um nach der Finanzkrise 2007/2008 das Wirtschaftswachstum wiederanzukurbeln und so die Große Rezession zu überwinden. Sie beruht auf der Idee, dass Banken und andere Finanzinstitute leichter Kredite vergeben und damit Investitionen, Wachstum und Beschäftigung fördern, wenn die Zentralbanken große Mengen an Liquidität ins Finanzsystem pumpen. Ein Hauptkritikpunkt an diesen geldpolitischen Maßnahmen bestand freilich darin, dass ihr Übertragungsmechanismus faktisch eher ineffizient wirke: In der Praxis habe er nur die Werte von Kapitalanlagen erhöht, *ohne* sich in höheren Wachstumsraten und Beschäftigungsquoten niederzuschlagen.[3] Die quantitative Lockerung gilt somit häufig als eine Maßnahme, die Besitzende von Finanz-Assets (oft abwertend als »Rentiers« bezeichnet) auf Kosten der arbeitenden Bevölkerung reicher macht.

Der genannte Artikel der *Financial Times* fuhr mit einer Beobachtung zu den generationsspezifischen Auswirkungen von Immobilienpreisen fort. Mit einem Hinweis darauf, dass die Entwicklungen von Arbeitseinkommen und Immobilien-

3 Blyth, *Wie Europa sich kaputtspart;* Gane, »Central Banking«.

preisen in den Großstädten (nicht nur in New York und San Francisco) im letzten Jahrzehnt gewaltig auseinanderklafften, gelangte er zu dem Schluss: »Die Jungen werden ausgesperrt«. In fast allen westlichen urbanen Zentren haben die Immobilienpreise Höhen erreicht, die Mieten besonders teuer und Wohneigentum für viele praktisch unerschwinglich machen. Auch wenn Wohnraum keineswegs die einzige Anlageform ist, die in der gegenwärtigen politischen Ökonomie eine bedeutende Rolle spielt, nimmt er in der Analyse, die wir im Folgenden darstellen, eine zentrale Stellung ein. Die Inflation der Immobilienpreise in den urbanen Ballungsräumen bildet den Kern einer neuen Logik der Ungleichheit.

Dabei beschränkte sich diese Inflation nicht auf das letzte Jahrzehnt. In allen Großstädten der westlichen Welt waren die Immobilienpreise schon seit Jahrzehnten gestiegen. Wäre das Problem allein in der vergangenen Dekade aufgetaucht, würden wir nur auf ein Bündel aus völlig unangemessenen politischen Maßnahmen schauen, das sich inkompetente oder korrupte Eliten ausgedacht hätten. Das wäre zwar verheerend genug, aber wir könnten so vernünftigerweise darauf hoffen, dass ein vermehrtes Bewusstsein für das Problem zu einer demokratischen Gegenbewegung und zu einer Abkehr von der quantitativen Lockerung führen würde. Aber das Problem ist älter und greift tiefer ins soziale Gefüge ein. Wie wir im Folgenden sehen, ist die quantitative Lockerung nur die sichtbarere Version einer Finanzpolitik, die seit den 1980er Jahren mit dem Ziel verfolgt wurde, den Besitz von Assets profitabel zu machen. Auch dürfen wir diese Entwicklung nicht voreilig als ein Projekt abtun, das nur darauf angelegt war, eine kleine

Elite auf Kosten der übrigen Bevölkerung zu bereichern, wie es die gegenwärtige Diskussion mit ihrem Fokus auf den rasanten Vermögenszuwachs beim oberen 1 Prozent nahelegt. Dessen Abkoppelung von der übrigen Bevölkerung ist ein allzu reales Problem, das sich aber deswegen so dornig und unlösbar zeigt, weil es in einer umfassenderen institutionellen und gesellschaftlichen Konstellation verankert ist, aus der bestimmte politische Wählerschaften hervorgingen. Diese haben an eben dieser Politik ein unerschütterliches Interesse.

Deswegen ist es hier wichtig, nicht voreilig Kritik an einem »Rentierismus« zu erheben. Das mag dazu nützen, um moralische Empörung oder Besorgnisse angesichts einer Welt auszudrücken, die einigen ein Einkommen ohne Arbeit beschert, ist als Analysemethode aber nur ein stumpfes Werkzeug. Kritik an der Rentenökonomie gibt es schon lange. Sie diente der Linken, seien es gemäßigt progressive Reformer*innen, die politische Arbeiterbewegung oder radikalere Strömungen, über viele Jahre als ein bevorzugtes Instrument. Tatsächlich war es schon ein Anliegen von John Maynard Keynes gewesen, »den sanften Tod des Rentners«[4] *(euthanasia of the rentier)* herbeizuführen, und viele gewannen den Eindruck, dass der Kapitalismus zur Mitte des 20. Jahrhunderts genau dies geleistet habe, indem er seine Wirkweisen mit den Bedürfnissen der erwerbstätigen Menschen in Einklang brachte. Die vergangenen Jahrzehnte trugen allerdings stark dazu bei, diese Sichtweise von Kapital, das im Interesse der Gesamtgesellschaft arbeiten kann, zu unterminieren. Hatte die Kritik

4 Keynes, *Allgemeine Theorie der Beschäftigung*, S. 317.

am unproduktiven Rentierismus vor allem von linker Seite dazu gedient, den Neoliberalismus seit dessen Anfängen unter Beschuss zu nehmen,[5] so kehrte sie in neuerer Zeit – nach Erscheinen von Thomas Pikettys Buch *Das Kapital im 21. Jahrhundert* – in die allgemeine öffentliche Debatte zurück.

Piketty sieht die wachsende Ungleichheit hauptsächlich mit Blick auf die Vermögen der Rentiers an der Spitze der Gesellschaft. Wir argumentieren in diesem Buch, dass deren Vermögenszuwachs nur Teil eines umfassenderen Phänomens ist, dem wir auf den Grund gehen müssen. Indem Piketty die heutigen Trends als eine Rückkehr in die Zeit vor der »keynesianischen Euthanasie« darstellt, unterschätzt er nach unserer Argumentation die qualitativ andere Logik, die die Mechanismen der Entstehung von Ungleichheit in heutiger Zeit antreibt. Auch wenn es sicherlich wichtig ist nachzuvollziehen, wie sich der für Ungleichheit sorgende rasante Vermögenszuwachs an oberster Spitze in einer demokratischen Gesellschaft so lange fortsetzen konnte, müssen wir ihn als Teil einer umfassenderen, eher strukturellen Neukonfiguration von Ungleichheitsmustern erkennen. Immerhin hatte die Massendemokratie als ein zentraler Treiber gewirkt, der zu den politischen Ausgleichsmaßnahmen des New Deal und des Nachkriegsstaates führte. Die »Rentiers-Funktion« hat sich inzwischen in erheblichem Ausmaß im sozialen Leben als Ganzes eingebürgert, allerdings ohne dass sich das wachsende Bewusstsein dafür, dass Vermögensbesitz häufig einträglicher ist als Erwerbsarbeit, bislang in ein neues Verständnis von

5 Duménil/Lévy, »Costs and Benefits of Neoliberalism«; Onaran/Stockhammer/Grafl, »Financialisation«; Standing, *Prekariat*.

Klasse und Ungleichheit niedergeschlagen hätte. Obwohl das Phänomen steigender Immobilienpreise eine Fülle von Kommentaren hervorrief, greifen wir tendenziell auf ältere, auf Arbeit und Beschäftigung basierende Modelle zurück, wenn es darum geht, auf systematische Art über Klasse, Ungleichheit und soziale Schichtung nachzudenken.

Das Schlüsselelement, das Ungleichheit prägt, ist inzwischen nicht mehr die Arbeitsbeziehung, sondern vielmehr, ob jemand in der Lage ist, Assets zu erwerben, deren Wertzuwachs die Preis- und Lohnentwicklung übertrifft. Beschäftigung bleibt insofern ein wichtiger Faktor, als sie die Fähigkeit zum Erwerb von Vermögenswerten (z. B. zur Bedienung einer Hypothek) bestimmt, aber sie ist immer stärker eben nur einer unter vielen verschiedenen Faktoren. Auch wenn das Einkommen aus Arbeit für viele Menschen natürlich noch das entscheidende Mittel darstellt, um täglich ihren Lebensunterhalt zu bestreiten, ist der wichtige Punkt dabei, dass es für sich genommen immer seltener als Grundlage für einen Lebensstil dient, den die meisten als einen der Mittelschicht ansehen würden. Die Wertsteigerung von Assets wurde durch ein besonderes institutionelles Geflecht herbeigeführt, welche die Sozialstruktur grundlegend neu ausgestaltet hat – in dem Sinn, dass Vermögensbesitz als eine Determinante für die Klassenposition jetzt wichtiger wird als Beschäftigung.

Diese Realität erfährt die Millennial-Generation erstmals in voller Härte. Der generationelle Aspekt ist somit nicht deshalb wichtig, weil er in einer einheitlichen Erfahrung des sozialen Lebens oder in einer klaren Spaltung zwischen Generationen bestünde (wie ein naiver Ansatz der Generationsanalyse unterstellen würde), sondern weil er die wirtschaftlichen Bruchlinien sichtbar macht, die durch vier Jahrzehnte neoliberaler Steuer- und Finanzpolitik in Erscheinung getreten sind. Immerhin haben einige Millennials Zugang zu elterlichem Wohlstand (häufig seinerseits entstanden durch die Inflation der Immobilienpreise), der es ihnen ermöglicht, sich in die Dynamiken der Asset-Inflation einzukaufen. Was wir gegenwärtig sehen, ist eine Entwicklung, bei der intergenerationelle Transfers und Erbschaften die Lebenschancen in immer stärkerem Maß bestimmen.

Ganz wichtig dabei: Diese Entwicklung ist eher nicht als eine Rückkehr in eine frühere Ära zu verstehen, in der Eigentum (im Allgemeinen unter Männern) mehr oder weniger stabil und zumeist geräuschlos von einer Generation an die nächste weitergereicht wurde. Die Erbschaft ist nicht mehr eine einfache Übertragung von Eigentumsansprüchen, sondern zunehmend ein strategisch eingesetzter Transfer von Finanzmitteln, die zeitlich günstig als Hebel genutzt und in der spekulativen Logik der Asset-Ökonomie eingesetzt werden müssen. In dieser neuen Logik der Ungleichheit verbindet sich die »hyperkapitalistische« Logik der Finanzialisierung mit der »feudalen« Logik der Erbschaft mit dem Effekt, dass sie die soziale Klassenstruktur insgesamt umgestaltet. Die generationelle Dimension spielt mit der spekulativen Logik des gegenwärtigen Finanzsystems zusammen und prägt so vermögensbasierte Lebenszeiten aus.

Die Anlage dieses Buchs

In den nachfolgenden Kapiteln zeigen wir auf, inwiefern die sich verändernde Rolle von Assets dafür gesorgt hat, dass in den anglokapitalistischen Ländern eine neue Logik der Ungleichheit eingezogen ist. Im nächsten Kapitel »Asset-Logiken« erläutern wir, warum es so wichtig ist, das gegenwärtige Wirtschaftssystem als ein von der Logik der Vermögenswerte beherrschtes zu begreifen. Wir zeigen den Unterschied unseres Ansatzes zu konkurrierenden Sichtweisen auf, in denen tendenziell das orthodoxe Bild vom Markt und insbesondere die Vorstellung überbetont wird, wonach Liquidität ein inhärenter Aspekt der Finanzialisierung sei. Solche Sichtweisen vernachlässigen, dass die Teilhabe an der finanzialisierten Wirtschaft häufig beinhaltet (und regelmäßig erfordert), höchst illiquide Investitionen zu tätigen. Bei solchen Wirtschaftsaktivitäten werden üblicherweise Kredite aufgenommen, um einen Vermögenswert zu erwerben, und anschließend über einen festgelegten Zeitraum getilgt – mithilfe von Kapitalerträgen aus diesen Assets und von Einkommen aus Arbeit. Da die Letztgenannten stagnieren, kommt den spekulativen Erträgen aus Vermögenswerten eine wachsende Bedeutung zu (sowohl für die Bilanz von Einzelpersonen und Privathaushalten als auch für die makroökonomische Gesamtleistung und Politik).

Anschließend wendet sich dieses Kapitel Pikettys Beobachtung zu, wonach die Wertsteigerung von Vermögen in den letzten vier Jahrzehnten die Entwicklung der Arbeitseinkommen überflügelt hat. Auch wenn dies ein zentraler Bezugspunkt für unser Buch ist, hat Pikettys Darstellung zwei entscheidende Schwächen. Erstens versteht er die Tendenz, dass die Einkommen aus Kapital die aus Arbeit übersteigen, als eine neuerliche Bestätigung für ein Grundgesetz des Kapitals und nicht als das Ergebnis einer Reihe von Veränderungen in der Steuer- und Geldpolitik, die den Inflationsdruck, der hauptsächlich auf den Verbraucherpreisen und Löhnen lastete, auf die Vermögenspreise verlagert hat. Das Kapitel weist auf einige zentrale Aspekte dieser politischen Konstellation hin, die im Kapitel danach – »Die Entstehung der Asset-Ökonomie« – eingehender erörtert werden. Zweitens fokussierten sich Piketty und andere, die sich seiner Analyse anschlossen, ganz auf die alleroberste Bevölkerungsschicht (das 1 Prozent), ohne im Allgemeinen weiterzuverfolgen, wie sich dies auf ein Verständnis von Klasse und Stratifikation auswirkt. Gerade hier müssen wir von der Vorstellung abrücken, dass die gegenwärtige Zeit eine Rückkehr zum klassischen Liberalismus oder zu einem »neuen Gilded Age« darstelle. Die heutige Ungleichheit in westlichen Ländern gründet sich auf einen Vermögensbesitz der Mittelschicht, der in der Zeit nach dem New Deal und der Nachkriegszeit aufgebaut wurde. Sichtbar ist dies besonders im Bereich des Wohneigentums: Durch die anhaltende inflationäre Wertsteigerung von Immobilien über mehrere Jahrzehnte hat sich die Logik, nach der die Gesellschaft in Klassen strukturiert wird, grundlegend verschoben: Sie ist jetzt nicht mehr um Beschäftigung zentriert, sondern vielmehr um die Teilhabe an Asset-Besitz und -Wertsteigerung organisiert.

Das oben genannte Kapitel erörtert eingehender die Ursprünge und die Entwicklung der Asset-Inflation mit dem Ziel, nachzuvollziehen, wie wir in eine Situation gelangten, in der die anhaltende Vermögenspreisinflation die Lohninflation als einen zentralen Wirtschaftstreiber abgelöst hat. Dazu blendet es in die 1970er Jahre zurück, eine Dekade, die sich deshalb durch einen Verfall der Vermögenspreise in historischen Ausmaßen auszeichnete, weil steigende Verbraucherpreise die Kapitalerträge entwertet haben, im Verbund mit Lohnsteigerungen und staatlichen Sozialausgaben als Ergebnis gewerkschaftlicher Bemühungen, bei den Löhnen einen Inflationsausgleich oder noch bessere Ergebnisse auszuhandeln. Diese Kombination aus steigenden Arbeitseinkommen und sinkenden Vermögenspreisen kehrte sich im Verlauf der nachfolgenden Jahrzehnte um. Das Kapitel untersucht die Rolle der Geldpolitik, der Steuerpolitik (insbesondere der Besteuerung von Kapitalerträgen) und der Begrenzung öffentlicher Ausgaben als wichtigste Hebel, mit denen diese Umkehr erreicht und die Kombination aus Asset-Inflation und Lohnstagnation zur Regel wurde.

Dieses Kapitel erhellt zudem die Rolle von Neoliberalen des Dritten Weges, wie Bill Clinton in den USA, Tony Blair in Großbritannien und Paul Keating in Australien. Sie versuchten, dieses neue Politikregime zu entschärfen, aber auch zu konsolidieren, indem sie Kreditvergaben an Privathaushalte als einen Weg zu demokratisierten Kapitalerträgen offerierten – als eine Art Demokratie des Vermögensbesitzes. Vorweggenommen durch Margaret Thatcher und Ronald Reagan, weckten die Neoliberalen des Dritten Wegs die Hoffnung, dass wir alle an der Wertsteigerung von Assets partizipieren könnten, über eine Demokratisierung von Aktienbesitz, von Wohneigentum oder einfach durch den Besitz beruflicher Fähigkeiten (durch unser »Humankapital«). In seiner Deutung der Humankapitaltheorie ging der Dritte Weg davon aus, dass die Menschen Einbußen durch stagnierende Arbeitseinkommen dauerhaft ausgleichen könnten, wenn sie eine unternehmerische Haltung im Leben einnähmen und Einkommen aus ihrem Humankapital zögen. Dies sollte den Gegensatz zwischen Arbeitnehmer- und Arbeitgeberschaft aufheben. Die Steuer- und die Geldpolitik wurden stark von der Vorstellung angetrieben, dass Etappen im Lebensverlauf wie Ausbildung, Wohnen und Beschäftigung vor allem als Investitionschancen gesehen werden müssten.

Das letzte Kapitel in diesem Buch – »Neue Klassenrealitäten« – zeigt, dass vierzig Jahre Asset-Inflation und Lohnstagnation die Grenzen dieser Vision des Dritten Wegs aufzeigen. Vor allem beim Immobilienbesitz, der bereits zu Beginn der neoliberalen Ära in der Bevölkerung (zumindest in angloamerikanischen Ländern) weit verbreitet war, ist das Versprechen einer Teilhabe an Kapitalerträgen weitgehend hohl geworden. Die Kombination aus steigenden Immobilienpreisen, Niedrigzinsen und der Demokratisierung von Hypothekendarlehen hatte in anglokapitalistischen Ländern erheblichen Teilen der Bevölkerung die Möglichkeit verschafft, von vermögensbasierten Einkünften zu profitieren. Aber dieses Projekt des demokratisierten Vermögensbesitzes wurde bei der Realisierung weniger utopisch und universell angesetzt als von seinen Architekten geplant. Das Wohneigentum führte ebenso häufig in eine verstärkte Abhängigkeit von stagnierenden Arbeitseinkommen, wie es wirtschaftlich unabhängig machte. Nur über die oberste Schicht der Bevölkerung, die über diversifizierte, verschiedentlich steuerlich begünstigte Anlageportfolios verfügt, lässt sich sagen, dass sie dem Ideal des Asset-Besitzes nahekommt. Die Logik der Wertsteigerung von Assets beinhaltet auch, dass sich wachsende Teile der Bevölkerung deren Erwerb nicht mehr leisten können.

In den Großstädten der westlichen Welt besteht die einzige Möglichkeit, Wohneigentum zu erwerben, zunehmend in elterlicher Unterstützung. Der Unterschied, ob Menschen Zugang zu elterlichem Vermögen haben oder nicht, wird als Bruchlinie besonders in der Generation der »Millennials« sichtbar, die seit dem Wirtschaftswunder der Nachkriegszeit erstmals die Erfahrung macht, dass sich mit Erwerbsarbeit allein weder Wohlstand aufbauen noch ein Lebensstil der Mittelschicht sichern lässt. Dieses Kapitel wendet sich gegen den Trend, diese Entwicklung als das alleinige Problem einer Generation zu fassen. Immerhin sind Millennials, die wahrscheinlich eine Immobilie erben oder von den Eltern einen Zuschuss für einen Hauskauf bekommen werden, deutlich privilegierter als Babyboomer*innen, die zur Miete wohnen, oder als Personen aus ihrer Generation ohne Zugang zu elterlichem Wohlstand. Mit anderen Worten: Intergenerationelle Transfers sind zu einem Schlüsselmechanismus in der neuen *Klassen*logik geworden. Dieses Kapitel entwickelt eine Analyse zu den von der Asset-Ökonomie geschaffenen Mustern der sozialen Schichtung und Ausgrenzung, einschließlich zu deren Auswirkungen auf die Kultur und die Stimmungen. Es erfasst die Klasse konzeptionell nicht (wie traditionell) mit Blick auf die Verhältnisse von Menschen bezüglich Arbeit und Ausbildung, sondern vielmehr auf ihre Beziehungen zu Assets. Das gegenwärtige Leben wird zunehmend durch die spekulativen Dynamiken der Asset-Ökonomie und insbesondere durch die Doppeldynamik von Wertsteigerung und Wertverlust strukturiert.

Im Fazit stellen wir Überlegungen zu den umfassenderen Auswirkungen des Aufstiegs der Asset-Ökonomie an. Zentral ist hier, wie die Wirtschaftspolitik mit den Imperativen der politischen Legitimation zusammenwirkt. Politische Maßnahmen (die steuerliche Bevorzugung von Kapitalerträgen, geringe Zinssätze), welche die Interessen einer Kernwählerschaft aus Bürger*innen mit Asset-Besitz bedienen, wirken sich zunehmend so aus, dass sie für andere den Aufstieg in diese soziale Schicht behindern. Dagegen sind Maßnahmen mit dem Ziel, Wohneigentum erschwinglicher zu machen, nicht nur in wahltaktischer Hinsicht heikel; sie dämpfen auch das Wirtschaftswachstum und gefährden den Aufbau von Beschäftigung. Folglich widerstehen nur wenige Regierungen der Versuchung, den Immobilienmarkt mit politischen Instrumenten anzukurbeln, und geben so dem Anstieg der auf Asset-Besitz beruhenden Ungleichheit weiteren Auftrieb, obwohl sich zeigt, dass diese Instrumente zunehmend unwirksam werden und mit jeder neuen Runde mehr Kraftanstrengungen erfordern. Dies ist der ökonomische Hintergrund, vor dem die zentralen Aspekte der politischen Verwerfungen und des Aufruhrs im vergangenen Jahrzehnt betrachtet werden müssen. Und so werfen wir abschließend die Frage auf, was es für anglokapitalistische Länder und ihre Bürger*innen bedeuten könnte, wenn weiterhin dieselbe Logik operiert.

Asset-Logiken

Von der Waren- zur Asset-Logik

Wie ist es zu verstehen, dass das gegenwärtige Wirtschaftssystem von der Logik der Vermögenswerte beherrscht wird? Hilfreich ist hier ein Vergleich unseres Ansatzes mit einer geläufigeren Charakterisierung der sozioökonomischen Veränderungen, die im neoliberalen Zeitalter stattfanden: mit einer Darstellung, die die Logik der Kommodifizierung hervorhebt, durch die die Funktion der Nicht-Markt-Institutionen ausgehöhlt wurde, die in der Zeit nach dem New Deal und dem Zweiten Weltkrieg eingeführt worden waren. Obwohl dieser Ansatz der Mainstream-Ökonomie typischerweise besonders kritisch gegenübersteht, reproduziert er allzu viele von deren Grundkonzepten. Das Verständnis der ökonomischen Mechanismen beruht vor allem auf dem Warentausch und billigt so dem Mainstream-Bild des Marktes zu viel Bedeutung zu.

Dieses Kommodifizierungsmodell verdankt noch allzu viel dem »Volksfestmodell« – so Minskys[1] Bezeichnung – aus der neoklassischen Theorie, dem Modell eines Treffpunkts für Menschen, die Waren zum gegenseitigen Nutzen austauschen wollen. Ihre Verfahrensweise lässt sich mit dem Einsatz von Geld vereinfachen, aber ohne dass dies dem grundsätzlich auf Warentausch basierenden Charakter des Systems einen Ab-

1 Minsky, *Can ›It‹ Happen Again?*, S. 61.

bruch tut: Geld ist nur ein Mittel, um die Anzahl der notwendigen dazwischentretenden Transaktionen zu verringern und so effizienter zu einer optimalen Neuverteilung zu gelangen. Verstanden werden kann dieses Modell im Sinne eines sich wiederholenden Prozesses, bei der dennoch jede Runde eigenständig konzipiert ist, mit einem erkennbaren Ausgangs- und einem Endpunkt, der diesen jeweils zum Abschluss bringt. Mit anderen Worten: Jede Runde des Warentausches fängt damit an, dass alle Teilnehmenden bar jeder Verpflichtung in den Handel eintreten und ihn abschließen, ohne dass Rechnungen offenbleiben oder für die nächste Runde eine Rückzahlung von Schulden ausgehandelt werden müsste.[2] Das Modell beinhaltet keinerlei Guthaben-Schulden-Beziehungen und ist somit außerstande, der zeitweise bestehenden wechselseitigen Abhängigkeit zwischen wirtschaftlichen Akteur*innen Rechnung zu tragen. Es berücksichtigt lediglich eine Abfolge von Gegenwarten und scheitert daran, Vergangenheit oder Zukunft als eine Realität anzuerkennen, wie wir diese Dimensionen üblicherweise verstehen: also eine Vergangenheit, die nicht nur von außen her Ressourcen begrenzt, sondern die deshalb bedeutsam ist, weil wir bestimmte Investitionen getätigt haben, und eine Zukunft, die ungewiss ist und die uns Entscheidungen abverlangt, ohne dass wir für sie über alle gewünschten Informationen verfügen. Mit anderen Worten: Dadurch, dass dieses Modell die Ware als die paradigmatische Form der kapitalistischen Wirtschaft ansetzt, entbehrt es einer zeitlichen Dimension, die uns die Erkennt-

2 Shackle, *Epistemics and Economics.*

nis ermöglichen würde, dass Ungewissheit und Spekulation konstitutive Aspekte des Wirtschaftslebens sind.[3]

Dass die orthodoxe Ökonomie konsistente Modelle erstellen kann, die ohne Guthaben und Schulden und sogar ohne Geld auskommen, zeigte in den 1950er Jahren das bekannte Arrow-Debreu-Modell. Seit dieser Zeit haben die orthodoxen Ökonom*innen zahlreiche Wege erkundet, um Guthaben, Geld und Finanzen angesichts von deren Bedeutung in der realen Welt ernsthafter zu berücksichtigen, insbesondere im vergangenen halben Jahrhundert. Dagegen betonten heterodoxe Ansätze immer wieder, dass es sich dabei nur um unglaubwürdige Versuche handle, ein Grundproblem zu übertünchen. Ein Kernelement der Kritik an der Mainstream-Ökonomie (sowie am Neoliberalismus als einer realweltlichen Kraft) bestand darin, die konstitutive Bedeutung eines Finanzwesens hervorzuheben, welche die Behauptungen von der Leistungsfähigkeit der Märkte Lügen straft.

Aber auch wenn heterodoxe Volkswirtschaftler*innen üblicherweise über die Idee spotten, dass man sich bei der Analyse des gegenwärtigen kapitalistischen Systems auf das Modell der Tauschwirtschaft stützen könne,[4] taten sie selbst sich bisweilen schwer damit, über das Paradigma der Warenform hinauszudenken. Wie in der Mainstream-Ökonomie modellierten sie die Rolle des Finanzwesens und der Schulden weiterhin nach dem Konzept der Kommodifizierung in dem Sinn, dass die Verbreitung von Guthaben- und Schuldenbeziehungen als eine Erweiterung der Logik von Waren und Tausch

3 Cooper/Konings, »Contingency and Foundation«.

4 Keen, *Debunking Economics*.

gilt.[5] Der Unterschied besteht nur in ihrem Beharren darauf, dass diese Erweiterung irgendwie exzessiv, nicht nachhaltig oder dysfunktional sei. Polanyianisch ausgedrückt, spiegelt das gegenwärtige Wachstum auf den Finanzmärkten die irrationale Kommodifizierung von Geld wider, eine Entwicklung, durch die das Wertmaß für Waren selbst in eine Ware verwandelt wird und der Markt sich von der Gesellschaft zu »entbetten« beginnt.[6] Das Wachstum der Guthaben und Schulden gilt als ein Zeichen des nicht nachhaltigen Ausmaßes der Kommodifizierung: als ein Beleg dafür, dass die Kommodifizierung bei einer Verallgemeinerung ihrer Logik nicht zu einem idyllischen Volksfest führt, sondern destabilisierende Folgen hat.

Auch wenn solcherlei Kritik einen wertvollen Dienst dabei leistete aufzuzeigen, inwieweit sich der finanzialisierte Kapitalismus seiner Einpassung ins Modell des effizienten Marktes widersetzt, stößt sie an Grenzen, die mit der zunehmenden Sichtbarkeit der Konturen der Asset-Ökonomie deutlicher hervortraten. Wenn wir auf theoretischer Ebene Wirtschaftsprozesse mit Blick auf die Ware unter die Lupe nehmen, sehen wir keine inhärente Notwendigkeit oder keinen organischen Platz für eine Finanzwirtschaft. Und als Folge davon tun wir uns schwer damit, über eine streng normative Bewertung der Finanzwirtschaft als dysfunktional, spekulativ und parasitär hinauszudenken. Weil sich diese Art Kritik faktisch so stark auf die quantitative Dimension des sich ausweitenden Finanz-

5 Hudson, *The Bubble and Beyond;* Lapavitsas, »Financialized Capitalism«; ders., *Profiting without Producing*; Strange, *States and Markets*.

6 Block/Somers, *The Power of Market Fundamentalism;* Fraser/Jaeggi, *Kapitalismus;* Streeck, *Gekaufte Zeit*.

wesens fokussiert, ist sie unfähig, Licht in die qualitativen Veränderungen zu bringen, die die Finanzialisierung herbeigeführt hat.

In vielerlei Hinsicht ist die Ware eine anachronistische Linse, durch die der Charakter der gegenwärtigen wirtschaftlichen Umstrukturierung kaum zu erkennen ist. Angeklungen ist dies seit einiger Zeit schon in Forschungsarbeiten, die sich mit der Veränderung der Warenform in gegenwärtiger Zeit befassten: Anstatt als vollständig abgeschlossene oder festgelegte Objekte werden Waren hier als offen, in Bewegung, prozessual und in ihrem Charakter relational typisiert.[7] Obwohl wir für solche Versuche, Ware zu rekonzeptualisieren, durchaus Sympathien hegen, sehen wir keine Notwendigkeit, an den restriktiven Parametern festzuhalten, die das Warenkonzept mit sich bringt. Jüngere Forschungen, die sich auf die Logik von Kapitalisierung und Securitization konzentrieren, bringen uns die besonderen ökonomischen Wirkweisen der neoliberalen Ära deutlich näher. Unter Einbeziehung der zeitlichen Dimension in den Kern der Analyse wird argumentiert, dass der Kapitalismus so funktioniert, dass er in der Gegenwart einen Anspruch auf voraussichtliche zukünftige Einkommensflüsse schaffe, und dass dieser sowohl durch juristische Instrumente als auch durch umfassendere institutionelle Bedingungen gestützt wird. Was hier geschieht, ist eine Verlagerung des Fokus weg von der Ware als dem Ort des Wertes hin zu einem Verständnis des Wertes als etwas Spekulativem.[8]

7 Berardi, *After the Future;* Boltanski/Chiapello, *The New Spirit of Capitalism;* Thrift, *Non-Representational Theory*.

8 Muniesa, »A Flank Movement in the Understanding of Valuation«.

Wert ist stets eine von Erwartungen geleitete Bewertungspraxis, die sich auf eine ungewisse Zukunft richtet. Ausgearbeitet wurden diese Ideen in sozialwissenschaftlichen Arbeiten, die die Steuerung des Prozesses der Assetisierung in einer Reihe soziotechnischer Berechnungsinstrumente verorten, insbesondere solcher, die bei der Bewertung von Unternehmen, Bilanzierungen und Finanzaufstellungen eingesetzt werden.[9] Solche Instrumente verwandeln »Dinge« in ertragserzeugende Geldanlagen, deren gegenwärtiger Wert auf der Basis künftiger Einkommensströme berechnet wird, die sich erst noch einstellen müssen.

Auch wenn diese Forschungsansätze ziemlich weit in eine Richtung zielen, in der die Ware als Paradigma der politischen Ökonomie aus ihrer vorherrschenden Position gedrängt wird, bleiben sie noch in gewisser Hinsicht dem Bild »vom Markt« verhaftet. Sie assoziieren die Logik der Finanzwirtschaft tendenziell mit dem Wachstum von Liquidität und behandeln Marktliquidität häufig so, als sei sie eine inhärente Eigenschaft expandierender Finanzmärkte. Besonders problematisch wird dieses Liquiditätsparadigma, wenn es um ein Verständnis der Ausweitung des Finanzwesens aufs Alltagsleben geht, weil es die Art, wie Haushalte an der finanzialisierten Wirtschaft teilnehmen, irreführenderweise nach dem Bild der volatilen Welt der Hochfinanz modelliert. Dabei ist ausschlaggebend, dass die Teilnahme an dieser Art Wirtschaft häufig beinhaltet,

9 Siehe zum Beispiel Birch, »Rethinking Value in the Bio-economy«; Doganova/Muniesa, »Capitalization Devices«; Leyshon/Thrift, »The Capitalization of Almost Everything«; Muniesa, »Setting the Habit of Capitalization«; Muniesa u. a., *Capitalization*.

höchst *illiquide* Investitionen zu tätigen. Deshalb ist es angemessener, von einer Asset- anstatt einer Schulden- oder finanzialisierten Ökonomie zu reden. So besteht die Grundannahme in zahlreichen Analysen der Finanzialisierung des täglichen Lebens zwar darin, dass bei diesem Prozess die Haushalte effizient und kontinuierlich in die Liquidität der Finanzwirtschaft einbezogen werden,[10] während dieser Prozess aber in Wirklichkeit eine Fusion der Finanzwirtschaft mit einer Logik von Haushaltsinvestitionen beinhaltet, die weitaus schwerfälliger ist. Die Asset-Ökonomie erfordert keine halbherzige Teilnahme am Markt, sondern vielmehr Investitionen und Risikobereitschaft.[11]

Ein Asset ist ein Eigentumstitel, der ständig als Bilanzposten bewertet werden muss, aber eben häufig nicht ohne Weiteres gehandelt werden kann. Ein Asset hat eine bestimmte zeitliche Struktur: Es erfordert eine Anfangsinvestition von (häufig kreditfinanzierten) Mitteln und soll innerhalb eines bestimmten Zeitrahmens Erträge einbringen. Der neoliberale Haushalt ist das, was wir als eine minskyianische Einheit bezeichnen, eine ökonomische Entität, die spekulative Positionen beziehen muss, indem sie Kredite aufnimmt und sicherstellt, diese angemessen bedienen zu können.[12] Wenn von einer immerwährenden Liquidität ausgegangen werden könnte, würde die finanzialisierte Ökonomie im Wesentlichen wie eine Warenwirtschaft funktionieren: Haushalte würden nie in Finanzierungsschwierigkeiten oder -zwänge geraten. Und

10 Siehe zum Beispiel Martin, *Financialization of Daily Life*.

11 Feher, *Rated Agency*.

12 Adkins, »Social Reproduction in the Neoliberal Era«.

es wäre auch eher unwahrscheinlich, dass die Gewinne aus der Finanzialisierung so ungleich verteilt würden, wie es faktisch geschieht. Immerhin gäbe es in einer vollständig liquiden Welt keinen Grund für irgendjemanden, an Assets festzuhalten, die über einen längeren Zeitraum einem Wertverfall unterworfen sind, wie es in einer solchen Welt auch keine Schwellen gäbe, die eine Marktteilnahme auf die bereits Vermögenden begrenzt. Das allgemeine Kapitalisierungsmodell kann die gleichzeitigen wertsteigernden und wertmindernden Dynamiken von Assets nicht erklären – oder, exakter formuliert: Es taugt nicht zu einer Erklärung, warum einige Wirtschaftsakteur*innen der Ab- und Aufwertung bestimmter Assets systembedingt stärker als andere ausgesetzt sind.

Minskyianische Haushalte

Den gegenwärtigen Haushalt als einen minskyianischen zu bezeichnen, heißt, darauf zu verweisen, dass er in der Asset-Ökonomie nicht mehr hauptsächlich als eine Subsistenz- oder Konsumeinheit, sondern zunehmend als eine Bilanzeinheit mit Vermögenswerten und Verbindlichkeiten existiert, die bewirtschaftet werden müssen. Dies spiegelt sich in der besonderen Form finanzieller Belastungen wider, der Haushalte der Mittelschicht heute ausgesetzt sind. Dabei geht es in zunehmendem Maß nicht mehr nur um den Zugang zu Dingen des täglichen Bedarfs (auch wenn dies noch der Fall sein kann), sondern auch um den Druck, Bilanzrisiken und Probleme zu bewältigen, die sich aus einer allmählichen Vermögensbildung ergeben. Angesichts der Instabilität der finanzialisierten Ökonomie muss die Haushaltsbilanz ständig neu ausgeglichen werden.[13]

Minsky genießt einen soliden Ruf als ein heterodoxer Ökonom, der die radikalen Impulse von Keynes' Kritik wieder zum Vorschein zu bringen versuchte, nachdem diese in der frühen Nachkriegszeit in die Mainstream-Ökonomie eingegliedert worden waren.[14] Nach dieser Lesart ist Minsky ein Kritiker der Spekulation und Überschuldung, ganz auf einer Linie mit der oben bereits erörterten heterodoxen Kritik an der Finanzspekulation. Diese Deutung ist in mancherlei Hinsicht plausibel, zugleich aber auch höchst selektiv, da sie kaum beachtet, dass sich Minsky über die spekulative Natur des Wirtschaftslebens im Klaren war.[15] Und obwohl sich Minsky vorrangig mit der Welt der Hochfinanz und relativ wenig mit den Wegen befasste, auf denen die Asset-Logik ins Alltagsleben einzog, ist seine Denkweise für ein Verständnis dieses Prozesses nichtsdestotrotz nützlich.

Wichtig ist hier nachzuvollziehen, warum genau wir Minskys Werk nicht nur als Wiederholung oder Ausarbeitung, sondern als Weiterführung von Keynes' ursprünglicher Analyse sehen müssen. Keynes stützte sich auf ein bestimmtes Verständnis der Finanzspekulation. In *Allgemeine Theorie*[16] verglich er deren Logik bekanntlich mit der eines Schönheitswettbewerbs in einer Zeitung, bei dem die Teilnehmenden ihr

13 Bryan/Rafferty, *Risking Together.*

14 Z. B. Wray, *Why Minsky Matters.*

15 Mehrling, »The Vision of Hyman P. Minsky«; Minsky, »Uncertainty and the Institutional Structure of Capitalist Economies«.

16 Keynes, *Allgemeine Theorie der Beschäftigung*, S. 131 f.

Votum weniger auf der Grundlage eigener Ansichten als vielmehr nach einer Einschätzung abgeben, was andere meinen. Bei einer solchen spekulativen Tätigkeit geht es darum, die »Psychologie« des Marktes zu manipulieren, anstatt eine »Voraussage des voraussichtlichen Erträgnisses von Vermögensbeständen während ihrer ganzen Liebensdauer«[17] zu treffen, des Fundamentalwerts von Dingen, basierend auf der Produktion materieller Güter und Dienstleistungen. Mit anderen Worten: Auch wenn Keynes die möglichen Schwankungen in der Art, wie Investoren Dinge bewerteten, Kopfzerbrechen bereiteten, so hielt er doch an der Idee eines langfristigen Marktergebnisses fest, das den realen Wert der Dinge widerspiegeln würde – als gäbe es eine neutrale Vorstellung davon, worin das »gesamte Leben« eines Dinges besteht, eine Lebenszeit, die schlicht auf natürliche Art vorgegeben und eben nicht von den Dynamiken des Kapitalismus geprägt wäre. Folglich widerstrebte es Keynes zu akzeptieren, dass die Logik des Zeitungs-Schönheitswettbewerbs – ein von wechselseitigen Erwartungen vorangetriebenes Spiel um Bewertungen, in dem Menschen auf das Denken und die Versprechen anderer spekulieren – keine beunruhigende Abweichung von den ökonomischen Fundamentalwerten, sondern tatsächlich die Kernlogik des Wirtschaftslebens war.

Der Minsky, der im Verlauf des letzten Jahrzehnts die größte Beachtung fand, steht im Einklang mit jenem Keynes, der Spekulation als eine Art ontologisch inkohärente oder nicht nachhaltige Praktik ablehnte. Seine wichtigsten Einsich-

17 Ebenda, S. 134.

ten werden damit allerdings übersehen: Minsky erkannte, dass sämtliche wirtschaftlichen Entscheidungen und Investitionen insofern spekulativ sind, als deren Wert ausschließlich in einer Zukunft festgelegt wird, die von unvorhersehbaren Ereignissen geprägt wird. Minsky begriff Schulden und Spekulation also nicht als pathologische Züge eines ansonsten robusten Kapitalismus, der auf der Produktion realer Dinge beruht. Vielmehr sah er die Logik von Schulden und Guthaben, von spekulativen Versprechen und Zukunftsprognosen als den eigentlichen Stoff des kapitalistischen Lebens an.

Für Minsky sind ökonomische Akteure im Wesentlichen Bilanzeinheiten, die auf der Basis erhaltener und gegebener Versprechen[18] agieren. Sie beschaffen sich Geld, indem sie Versprechen äußern, und nutzen es für Investitionen, um Versprechen anderer einzukaufen. Das Thema war hier nicht, ob Schuldenmachen in einem metaphysischen Sinn vernünftig ist, sondern vielmehr die ganz praktische Tatsache, dass die wirtschaftlichen Akteur*innen ausreichend Geldflüsse erzeugen müssen, um ihre Schulden zu bedienen. Minsky bezeichnete dies als Liquiditätszwang: Wie unsere langfristigen Pläne auch aussehen mögen, sie müssen die unmittelbare Zukunft berücksichtigen. Die Investition mag die beste der Welt sein, aber wenn ich für sie einen Kredit aufnehmen muss und dann die Rendite nicht ausreicht, um ihn ordnungsgemäß zu bedienen (und mir andere Geldquellen fehlen), muss ich wieder verkaufen. Liquidität verschafft uns die notwendige Zeit, um unsere Investitionen zum Erfolg zu führen.

18 Minsky, *Stabilizing an Unstable Economy.*

Durch diese Einsicht gelangte Minsky zu einem grundlegenderen Verständnis der Natur und der Rolle von Liquidität: Während Keynes die Beschäftigung mit der Liquidität für einen »Fetisch«, schlicht für die Weigerung hielt, sich geduldig auf die Erzeugung von realem Wert einzulassen, sah Minsky in ihr hauptsächlich eine »Überlebensrestriktion«.[19] Die Idee, dass wir all unsere Ressourcen in die Zukunft investieren und geduldig darauf warten können, dass sie sich am Ende auszahlen, funktioniert nur unter der Voraussetzung, dass wir liquide bleiben können. Die kapitalistische Wirtschaft ist somit im Kern zeitlich strukturiert – nicht nur im trivialen Sinn, dass Ereignisse in der Zeit stattfinden und deswegen veränderlich sind, sondern im grundlegenderen Sinn, dass es sinnlos ist, Prozesse des Wandels so zu analysieren, als bewegten sie sich auf einen langfristigen Ruhezustand hin, in dem die Dinge entsprechend einer Art wahrem Wert oder Zweck organisiert sind. Die Zeit wirkt als eine aktive Kraft. Die Logik von Guthaben und Schulden ist nicht als eine Dynamik zu sehen, die rein oberflächlich stattfindet, während sich die grundlegenden Prozesse von selbst zum Besten entwickeln. Für Keynes war die »Zwischenzeit« von Bedeutung, denn, so sein berühmt gewordenes Zitat: »Auf lange Sicht sind wir alle tot.«[20] Minsky konnte mit der Vorstellung von einem solchen unabhängig vorgegebenen langfristigen Ergebnis wenig anfangen: Im wirtschaftlichen Spiel des Kapitalismus überleben einige und gehen andere unter, manche gedeihen und andere darben.

19 Ein Begriff, den Mehrling in Minskys Promotionsarbeit entdeckt hat. Siehe hierzu Mehrling, »The Vision of Hyman P. Minsky«.

20 Keynes, *Ein Traktat über Währungsreform*, S. 83.

Der minskyianische Haushalt wird nützlicherweise mit dem keynesianischen der frühen Nachkriegszeit verglichen, der in einem Kontext funktionierte, in dem das Fantasiebild eines grundlegenden, nicht spekulativen Wertes beachtliche Glaubwürdigkeit genoss. Insoweit dieser an einer Art Asset-Ökonomie teilhatte, betraf dies üblicherweise den Erwerb von Wohneigentum, das keinen großen Wertschwankungen unterworfen war. Und er hatte Zugang zu einem festen Arbeitseinkommen (meist eines Mannes), mit dem die Hypothek bedient werden konnte. Der typische minskyianische Haushalt erwirbt Wohneigentum dagegen nicht nur in der Erwartung, das Hypothekendarlehen zu tilgen, sondern auch in der Hoffnung auf einen Zugewinn an Kapital. Er strebt nicht nur den Nutzen aus einer wertbeständigen Investition an, sondern denkt dabei auch an die Wertsteigerung dieses Assets. Dies sollten wir auch nicht als ein wahlweise verfügbares Extra betrachten: Die Erwartung eines Kapitalzuwachses ist häufig wesentlich für die Finanzierungspläne des Vermögenswerts, nicht zuletzt deshalb, weil die Erwerbseinkommen vieler Haushalte heute deutlich stärker Unsicherheiten unterworfen sind als früher. Der minskyianische Haushalt steht nicht nur unter dem Druck, kluge Investitionen zu tätigen: In einem Wirtschaftssystem, in dem jeder spekuliert, muss er in Vermögenswerte investieren, die zum Gegenstand des wirtschaftlichen Eigeninteresses und spekulativer Investitionen anderer werden und dadurch eine Wertsteigerung erfahren.[21]

Nochmals: Vom minskyianischen Haushalt zu reden, heißt auf die Einbindung des heutigen Haushalts in eine spekula-

21 Feher, »Self-appreciation«.

tive, zukunftsorientierte Logik abzuheben, wie wir es hier tun. Als operatives Prinzip wirkt hier die Kreditaufnahme: Assets werden mit geborgten Mitteln finanziert, die anschließend zurückgezahlt werden müssen. Dies kann die Effekte einer guten Investition verstärken, aber eben auch die negativen einer schlechten. Die Asset-Ökonomie funktioniert nach einer prozyklischen Logik: Eine Wertsteigerung von Anlagen (z. B. bei der Bilanzverlängerung) spielt in wechselseitiger Verstärkung mit der Fähigkeit zusammen, Kredite aufzunehmen, mit Fremdkapital zu arbeiten und neue Investitionen zu tätigen. Aber dieses Prinzip funktioniert auch umgekehrt: Der Wertverfall von Anlagen verstärkt auch den Schwund an Fähigkeiten, Kredite aufzunehmen, mit Fremdkapital zu arbeiten und neue Investitionen zu tätigen. Wie wir noch sehen, hängen politische Gestaltungmöglichkeiten in bedeutendem Maß mit dem Vermögen zusammen, diese Dynamik zu beeinflussen – insbesondere die, sie in bestimmten Bereichen anzukurbeln und in anderen nicht, sowie mit der Fähigkeit, einer Deflationsspirale in einigen Bereichen, aber nicht in anderen entgegenzuwirken. Vieles, was wir als Teil einer Politik der Finanzregulierung begreifen, dreht sich eben darum. Die Besonderheit der neoliberalen politischen Ökonomie besteht nicht in erster Linie darin, dass das allgemeine Warenkalkül wachsende Reichweite gewinnt oder dass das Liquiditätsparadigma immer größeren Einfluss bekommt, sondern in der Art, wie steuer- und geldpolitische Maßnahmen eine besondere Logik der Wertsteigerung und -minderung von Assets hervorbrachten.[22]

22 Adkins, *The Time of Money*; Konings, *Kapital und Zeit*.

Vorbereitend zur nachfolgenden Erörterung ist hier ausdrücklich darauf hinzuweisen, dass ein anderes Wort für die Asset-Wertsteigerung »Inflation« lautet: Der monetäre Wert nimmt zu, ohne dass sich dabei an der Natur des Gutes an sich oder an seinen Produktionsbedingungen etwas verändert, durch das es knapper würde oder das erklären könnte, warum es stärker nachgefragt wird. Es trifft sicherlich zu, dass wir laut der offiziellen Darstellung in einer Welt ohne Inflation leben. In den meisten westlichen Ländern hielt sich die Inflation der Verbraucherpreise über mehrere Jahrzehnte stabil auf geringem Niveau. Aber dahinter verbirgt sich die Tatsache, dass eine andere Inflation beim Zustandekommen der neoliberalen Asset-Ökonomie eine zentrale Rolle spielte. Natürlich denken wir beim Begriff »Vermögenspreisinflation« eher nicht an Inflation, aber dies ist seinerseits das Ergebnis einer bestimmten historischen Konjunktur und Konfiguration im öffentlichen Diskurs. Deswegen ist es wichtig, den Übergang von der keynesianischen zur neoliberalen Ära als einen von der Preisinflation zur Asset-Inflation zu verstehen. In den 1970er Jahren hing die Preisinflation eng mit der Lohnentwicklung zusammen, sowohl als Ursache (die Arbeitgeberseite gab Lohnsteigerungen möglichst an die Verbraucher*innen weiter) als auch als Folge (angesichts hoher Inflationsraten stellten die Gewerkschaften höhere Lohnforderungen), weshalb sie zunehmend so wahrgenommen wurde, dass sie den Wertbestand von Geldanlagen gefährdete. Wie wir eingehender im nächsten Kapitel erläutern, stellte die neoliberale Wende in der Politik diese Dynamik auf den Kopf.

Die zentrale Bedeutung der Immobilie

Den Anstieg der Asset-Preise im Verlauf der letzten Jahrzehnte hat an prominentester Stelle Piketty in *Das Kapital im 21. Jahrhundert*[23] nachgezeichnet. Wie Piketty argumentiert, haben die Vermögen schneller an Wert zugelegt, als die Wirtschaft gewachsen und insbesondere die Löhne gestiegen sind. Dies sei ein Schlüsselfaktor, der die wachsende Ungleichheit in westlichen Volkswirtschaften weiter vorantreibe. Piketty fokussierte sich in seiner Analyse allerdings stark auf den ausufernden Reichtum der obersten Schicht (das 1 Prozent), ohne die Verhältnisse bei Klasse und Stratifikation allgemeiner zu überprüfen. Auch wenn es sicherlich entschuldbar ist, dass er sich als Wirtschaftswissenschaftler nicht auf ein soziologisches Terrain begibt, hatte er andererseits keine Scheu, sich auf politische und soziologische Debatten mit verwandten Themen einzulassen. Und nur ganz wenige Sozialwissenschaftler*innen, die aus seiner Arbeit schöpften, verfolgten die Konsequenzen seiner Beobachtungen systematisch weiter, um über die gegenwärtige Logik von Klasse und Schichtung neu nachzudenken. Vielmehr hielten die meisten an den Parametern von Pikettys Analyse fest und stülpten empirische Beobachtungen zur wachsenden Rolle der Vermögen einem konzeptionellen Ungleichheitsmodell über, das immer noch um arbeitsbasierte Kategorien wie Erwerbseinkommen und Berufsstatus herum angelegt ist.

23 Im Original 2014 erschienen.

Auch wenn es uns mitnichten darum geht, die Realität des 1 Prozents und die Tatsache zu leugnen, dass die gegenwärtige Zeit ein kurioses Wiederaufleben der unübersehbaren Zurschaustellung von Reichtum erlebt, reden wir deshalb von einer »Asset-Ökonomie«, weil derlei Trends als Teil einer umfassenderen Logik des Vermögensbesitzes zu sehen sind, die einen großen Prozentsatz an Haushalten miteinschließt. Deswegen hat unsere Darstellung hier einen anderen Schwerpunkt als die Analyse Pikettys, der im Wertzuwachs der Vermögen eine Rückkehr zur Plutokratie des Gilded Age sieht.

In gewisser Hinsicht erscheint es nur als ein kurzer Schritt, um von einer Analyse der beschleunigten Kapitalakkumulation und wachsenden Ungleichheit zu einer anderen zu gelangen, die auf einer Theoretisierung von Klasse und Stratifizierung beruht. Nützlich ist hier eine Betrachtung der Hindernisse, die in Pikettys Formulierung der wachsenden Ungleichheit dafür sorgten, dass sich diese nicht einfacher in eine allgemeine Theorie von Klasse und Stratifizierung übersetzen ließ. Auf konzeptioneller Ebene ist es bezeichnend, dass Piketty in seinem Werk die Verschiebung, die eine Zunahme an Ungleichheit befördert, wechselweise auf zweierlei Art erklärt. Dabei stützt er sich einerseits auf eine Theorie der natürlichen Wirtschaftsgesetze, die inhärente Tendenzen zur Wohlstandsakkumulation aufweisen (ausgedrückt in der berühmt gewordenen Formel $r>g$) und die sich überhaupt nur von außen durchbrechen oder bremsen lassen. Insoweit sich eine solche Sichtweise mit Fragen um Politik und Institutionen befasst, betont sie eher das *Fehlen* politischer Interventionen, welche die Trends der wachsenden Ungleichheit hätten umkehren können. Dabei werden die spezifischen institutionellen Mechanismen der Politikgestaltung und die Tatsache, dass diese Muster von Kapitalakkumulation neuartiger Qualität aktiv erzeugten, weitgehend vernachlässigt. Auf der anderen Seite beschreibt Piketty die Art und Weise, wie große Vermögen, die Institutionen von Politik und Regierung vereinnahmt haben, eine plutokratische Struktur, die sämtlichen Versuchen, die Ungleichheit schaffenden Effekte der kapitalistischen Logik umzukehren, einen Riegel vorschiebe.

Diese Erklärungen sind keine Besonderheit von Pikettys Werk, sondern spiegeln allgemeinere Tendenzen wider, die Trends der letzten Jahrzehnte einer wirtschaftlichen oder politischen Logik oder einer Kombination aus beiden zuzuschreiben. Selbst bei einer differenzierten Ausformulierung gelangt diese Analyse zu einem Ergebnis, wonach der Neoliberalismus eine Rückkehr zu einer grundlegenderen Form des Kapitalismus sei, beruhend auf dem Modell der Erfahrungen des Liberalismus im 19. Jahrhundert – also auf einer Wirkweise des Kapitals in der Zeit, bevor der Wohlfahrtsstaat des 20. Jahrhunderts Innovationen einführte, die auf die Einbeziehung der Bevölkerung ins kapitalistische System abzielten, nicht nur durch höhere Löhne und Vollbeschäftigung, sondern auch durch deren Einbindung in die Mechanismen des Sparens, des Investierens und des Vermögensaufbaus: vor allem durch den Erwerb von Wohneigentum.[24] Die Beobachtung, dass insbesondere in angloamerikanischen Ländern die Förderung von Vermögensbesitz ein Schlüsselaspekt des Kapi-

24 Cahill/Konings, *Neoliberalism*.

talismus zur Mitte des 20. Jahrhunderts bildete, ist keineswegs neu.[25] Unterschätzt wird allerdings ihre Bedeutung in einer Analyse dazu, wie sich Klassen in gegenwärtiger Zeit neu strukturieren. Mit anderen Worten: Die Tatsache, dass im Verlauf des 20. Jahrhunderts weite Teile der Bevölkerung an den Dynamiken von Asset-Besitz und Wohneigentum teilhaben konnten, macht deutlich, dass das Modell von der halbautomatischen Akkumulation von rentenökonomischem Wohlstand in den Händen eines kleinen Elitekreises nur noch begrenzt dafür hilfreich ist, die umfassendere Neukonfiguration des Klassensystems und der Ungleichheit zu erklären.

Um Kapital und Klasse in einen Zusammenhang zu stellen, braucht es ein Verständnis vom Kapital, bei dem die grundlegende Rolle der Institutionen stärker in den Blick genommen wird. Im Einklang damit lieferte Naidu[26] eine nützliche Sichtweise dazu, wie Mainstream- und kritische Themen in Pikettys Werk ineinandergreifen. Dabei unterschied er zwischen einem »domestizierten« und einem unterentwickelten »wilden Piketty«, der nur ab und an zum Vorschein komme. Der domestizierte Piketty stütze sich auf ein Verständnis des Kapitals, wie es im neoklassischen Modell zu finden ist, das das Kapital als Sparguthaben betrachtet und das somit dem besonderen Charakter des Kapitals im Vergleich zu anderen Produktionsfaktoren nicht gerecht werden kann. Der wilde Piketty lehne sich dagegen eng an die Definition von Kapital an, die in der institutionalistischen Tradition entwickelt wurde,

25 Chwieroth/Walter, *The Wealth Effect*.
26 Naidu, »A Political Economy Take on W/Y«.

der Minsky eng verbunden war.[27] Diese betont die politisch und juristisch konstruierte Natur der Eigentumsrechte ebenso wie den vorausschauenden, stets auch spekulativen Charakter des Kapitals. Aus dieser Sicht ist Kapital ein »vorausschauender Anspruch auf künftige Ressourcen«.[28]

Die Fähigkeit, Eigentumsrechte festzulegen und durchzusetzen, um sich Einkommensströme aus Assets zu sichern, ist eine Frage, die vornehmlich rechtliche, politische und weitere Institutionen sowie die in ihnen stattfindenden Auseinandersetzungen betrifft. Wie Naidu hervorhebt, ist in dieser Hinsicht »die wachsende Bedeutung von Immobilienvermögen einzigartig interessant, da [die Verhältnisse bei] Wohnimmobilien und Grund und Boden mit bestimmten politischen und lokalpolitischen Maßnahmen verknüpft sind«.[29] Immobilien spielen in Pikettys Darstellung eine wichtige, wenngleich weitgehend unbeachtete Rolle, worauf Rognlie[30] in seinem vielbeachteten Artikel hingewiesen hat. Dies nahmen konservative Kommentatoren zum Anlass, die Bedeutung von Pikettys Ergebnissen herunterzuspielen und die Debatte in eine andere Richtung zu lenken: weg von der Besteuerung von Wohlstand hin zu den Regulierungen, die eine künstliche Knappheit von Immobilien schüfen.[31] Aus Sicht unserer Analyse lässt sich Pikettys Kernpunkt umfassender herausarbeiten, wenn wir die dortige Rolle der Immobilien anerkennen.[32] Die Bedeutung

27 Mehrling, »The Vision of Hyman P. Minsky«.
28 Naidu, »A Political Economy Take on W/Y«, S. 108.
29 Ebenda, S. 120.
30 Rognlie, »Deciphering the Fall and Rise of the New Capital Share«.
31 Z. B. DeVore, »Piketty Vs. Rognlie«.
32 Guyer, »Housing as ›Capital‹«.

seiner Ergebnisse liegt nämlich *genau darin*, dass ein so hoher Anteil am Wohlstandszuwachs der Verteuerung von Immobilien geschuldet ist: Dies zeigt, dass die gegenwärtige Phase des Kapitalismus weitgehend eben keine Rückkehr zur Ära der alten Geldgeschäfte, der Hochfinanz und der aristokratischen Rentiers darstellt. Sie beinhaltet vielmehr die strukturelle Neuordnung von Mustern der Ungleichheit in einem Kontext, der durch vermehrtes Wohneigentum und das Wachstum des Vermögensbesitzes quer durch zahlreiche Bevölkerungsschichten gekennzeichnet ist. Dies eröffnet die Möglichkeit, eine engere Verbindung zum Thema Klasse herzustellen, verbunden mit der Einsicht, dass der Vormarsch von Asset-Besitz neue, komplexe Dynamiken der sozialen Stratifizierung geschaffen hat.

Natürlich sind Immobilien hier nicht die einzige relevante Vermögenskategorie. Besonders bemerkenswert ist, dass auch der Aktienmarkt zu einem Investitionsplatz für die Mittelschicht geworden ist (häufig, aber nicht ausschließlich über Pensionskassen). In den 1980er und 1990er Jahren war er sicher der sichtbarste und meist beachtete Weg, auf dem der Asset-Besitz auf dem Vormarsch war, und hatte auch dadurch, dass er sich auf die Ungleichheit auswirkte, bereits erhebliche Aufmerksamkeit geweckt – auch in Form einer umfangreichen Literatur über die widersprüchlichen Positionierungen von Klassen, wenn Pensionsfonds Aktien von Unternehmen besitzen und so ein Interesse an bestimmten Umstrukturierungsstrategien haben, die üblicherweise auf Kosten von Beschäftigten gehen.[33]

33 Skerrett u. a., *The Contradictions of Pension Fund Capitalism*.

Welche Bedeutung die finanziellen Dynamiken der Immobilien- und Kreditmärkte für unser Verständnis der Stratifizierung haben, muss allerdings erst noch umfassend herausgearbeitet werden. Dies ist freilich nicht nur eine Frage der empirischen Forschung (wir füllen also nicht nur eine Lücke in der Literatur), sondern auch ein Anspruch, der eher qualitativ auf die Natur der Wohnimmobilie als Geldanlage zielt. Das bedeutet, die Immobilie wirkt als Asset auf eine bestimmte Art, die ihm eine besondere Rolle bei der Entstehung von Ungleichheit zuweist. Zum einen nehmen fast alle Haushalte – in einem Miet- oder einem Eigentumsverhältnis – am Immobilienmarkt teil, während hinter dem Wunsch nach Wohneigentum häufig nicht nur finanzielle, sondern auch kulturbedingte und familiäre Überlegungen stehen. Andererseits gestaltet sich der Wechsel von einem Mietverhältnis zum Eigentum nicht annähernd so einfach wie Ersparnisse von einem Bankkonto in einen Anlagefonds zu transferieren. Erforderlich ist vielmehr das Aufbringen der gesamten Kaufsumme mit bereits vorhandenem Geld, das durch eine Kreditaufnahme aufgestockt wird. Außer für Bestverdienende ist es generell schwierig geworden, das notwendige Eigenkapital allein aus Erwerbseinkommen anzusparen. Dass es ausreichende Mittel in der Hinterhand braucht, um sich in den Markt einkaufen zu können, weist dem intergenerationellen Wohlstandstransfer eine zentrale Rolle zu. Damit prägt die generationelle Dimension die Klassenlogik auf neuartige Weise – nicht mehr beschränkt auf die Erbschaft großer Vermögen, sondern notwendig auch für relativ gut Verdienende, die in einen Immobilienmarkt eindringen wollen, der ihnen andernfalls versperrt bliebe. Diejenigen, die kein Hypothekendarlehen bekommen, sind zunehmend gezwungen, die Finanzflüsse und Einkommensströme, die sie generieren, in den Dienst der Vermögensakkumulation anderer zu stellen (so zum Beispiel langjährige Mieter*innen, die für die Tilgung der Hypotheken anderer bezahlen).

Die Asset-Ökonomie beherrschen

In diesem Buch erkunden wir, wie die Asset-Inflation die Logik von Klasse und Ungleichheit umgestaltet hat – mit einem anderen (eher »soziologischen«) Schwerpunkt als in anderen Arbeiten, die die wachsende Bedeutung steigender Immobilienpreise aus einem eher »volkswirtschaftlichen« Blickwinkel betrachten und sich stärker auf deren makroökonomische Effekte und die Instabilität konzentrieren, die von dieser Inflation ausgelöst wurde.[34] Dabei ist allerdings entscheidend, dass sich diese Aspekte nicht gesondert betrachten lassen, weshalb wir uns die Aufgabe gestellt haben auszuformulieren, wie sie zusammenspielen: Wenn wir die soziologische Dimension stärker ins Zentrum der Analyse rücken, lassen sich beide Aspekte so miteinander verbinden, dass wir ihr Zusammenwirken besser verstehen. Dabei gehen wir vor allem in zweierlei Hinsicht auf der Basis bestehender volkswirtschaftlicher Deutungen vor.

34 Aalbers/Christophers, »Centering Housing in Political Economy«; Fuller, *The Political Economy of Housing Financialization;* Keen, *Can We Avoid Another Financial Crisis?;* Schwartz/Seabrooke (Hg.), *The Politics of Housing Booms and Busts;* Weber, *From Boom to Bubble.*

Erstens: Die Kritik der politischen Ökonomie betont üblicherweise vor allem den nicht nachhaltigen Charakter der Immobilienpreisinflation – also die Vorstellung, dass die Wertsteigerung von Assets nicht ökonomisch unterlegt ist und somit eine Blase darstellt, die früher oder später platzt. Der Zustand des Immobilienmarkts wurde häufig mit dem Diktum kommentiert: »Was hoch steigt, fällt wieder ab«. Wichtig ist allerdings die Erkenntnis, dass die Immobilienpreise relativ stetig steigen. In den vergangenen Jahrzehnten haben Kommentator*innen zu verschiedenen Zeitpunkten einen Zusammenbruch des Immobilienmarkts vorhergesagt, aber der ist bislang ausgeblieben. Die Finanzkrise 2007/2008 weckte weit verbreitet die Erwartung, dass die Ausweitung der Kreditvergabe und die Immobilienpreisinflation nach mehreren Jahrzehnten nun ein Ende finde, ohne dass dies eintrat. Tatsächlich sind die Immobilienpreise seither besonders drastisch gestiegen.

Es trifft absolut zu, dass die ständigen Höherbewertungen von Immobilien in einer wichtigen Hinsicht rein spekulativ sind – dass sie also keine grundlegenden Veränderungen, sondern nur die Einschätzungen von Menschen dazu widerspiegeln, wie viel andere für Immobilien in Zukunft zu bezahlen bereit sind. Tatsächlich wird dieser Markt an entscheidender Stelle auf sehr transparente Weise von Spekulationen beherrscht. Ein Hoch am Aktienmarkt stiftet mitunter beträchtliche Verwirrung in der Frage, ob die Höhenflüge der Kurse berechtigt sind, weil häufig völlig unklar ist, inwiefern sich an der Natur der zugrunde liegenden Assets etwas verändert hat. Bei Immobilien ist dagegen erkennbar, dass sich an ihnen als Vermögenswerten kaum etwas verändert: In der Immobilienbranche findet wenig Innovation statt, sodass auch den Kaufinteressierten sehr bewusst ist, dass ihre Bereitschaft, für ein Objekt einen bestimmten Preis zu zahlen, nicht von ihrem Glauben an einen zugrunde liegenden wahren Wert abhängt. Sie spekulieren vielmehr auf Stimmungen am Markt und haben eine Erwartung in Bezug darauf, was andere in der Zukunft zu bezahlen bereit sind.

Trotzdem zeigten sich die Immobilienmärkte in Großstädten trotz dieser Transparenz (angesichts derer man erwarten könnte, dass sich schon kleinere Schocks zum Super-GAU ausweiten) bemerkenswert resilient. Dies deutet darauf hin, dass in dieses Marktgeschehen ein Aufwärtstrend eingebaut ist: Die Immobilienpreisinflation rührt von einer bestimmten institutionell ausgestalteten, pfadabhängigen öffentlichen Politik und entsprechend geweckten Erwartungen her und ist in dieser inzwischen fest verankert. Hausbesitzer*innen werden mit Vergünstigungen und Schutzmaßnahmen vor Risiken bedacht, die darauf hinwirken, den Markt bei Einbrüchen vor dem vollständigen Kollaps zu schützen. Auch wenn der Immobilienmarkt immer wieder Abschwünge verzeichnet, ähneln diese oft einem kurzzeitigen Rückschlag oder einer vorübergehenden Stagnation anstatt einem vollständigen Crash. Diese Logik, bei der die Politik ein Netz unter dem Markt aufspannt, wird am spektakulärsten erkennbar, wenn Behörden für ein in Schieflage geratenes großes Finanzinstitut ein Rettungspaket schnüren. Wie Minsky erkannte, bilden aufsehenerregende Bailouts dabei nur die Spitze vom Eisberg: Die Risikoverlagerung über steuer- und geldpolitische Mechanismen ist ein integraler Bestandteil der Funktionsweise des assetgetriebenen Wirtschaftssystems. Sie wirkt zur Unterstützung der Bilanzen von Beteiligten, die politisch und ökonomisch systemrelevant sind.

Zweitens: Wenn sich die kritische volkswirtschaftliche Forschung stärker den besonderen institutionellen Quellen der Asset-Inflation und der Frage zuwendet, wie diese durch spezielle politische Maßnahmen aufrechterhalten wird, gerät sie in Schwierigkeiten zu erklären, warum die ausgemachten Probleme so unlösbar erscheinen und warum sich die Politik so sehr darauf versteift, an der Förderung der Asset-Inflation festzuhalten, obwohl das Bewusstsein für die damit einhergehenden Probleme gewachsen ist. Dies betrifft die negativen Verteilungseffekte der Asset-Ökonomie (die Asset-Inflation zu befeuern bedeutet, es Menschen immer schwerer zu machen, sich in deren Logik einzukaufen) wie auch die Tatsache, dass das Wirtschaftswachstum, das seinem Charakter nach auf der Wertsteigerung von Assets beruht, in eine Phase schwindender Erträge eingetreten ist. Mit jeder Runde der finanziellen Anreize (wie der quantitativen Lockerung) braucht es eine stärkere Asset-Inflation, um ein bestimmtes Wachstum an Wirtschaftstätigkeit und Beschäftigung zu erreichen. Forschende in politischer Ökonomie haben typischerweise große Schwierigkeiten nachzuvollziehen, warum die öffentliche Politik unfähig erscheint, sich von politischen Maßnahmen zu verabschieden, die die Asset-Inflation fördert, obwohl deren destabilisierenden Effekte zunehmend ins Bewusstsein rücken.

Es sagt einiges, dass ein ansonsten politisch gemäßigter Forscher wie Piketty auf eine sich ausweitende Plutokratie abhebt, bei der sich die öffentliche Autorität auf die Vermögendsten konzentriert. Dieser Schritt wird immer häufiger vollzogen: Die »Vereinnahmungstheorie« und die instrumentalistischen Deutungen der institutionellen Macht haben von den erklärten linken oder rechten Theorien aus Einzug in die angesehene Sozialwissenschaft gehalten.[35] Aber dabei bleibt es bei mehr Beschreibung als Erklärung. Wirtschaftseliten hatten von jeher stärkeren Einfluss auf öffentliche Institutionen, aber wenn Politik so vollständig vereinnahmt wird, dass dies allen Betroffenen immer irrationaler erscheint, bedarf es einer Erklärung dafür, wieso eine solche Vereinnahmung in einer demokratischen Gesellschaft aufrechterhalten bleibt. Entscheidend ist hier die Rolle, die das Wohneigentum bei der Entstehung einer Mittelschicht gespielt hat. Diese gilt oft als das Rückgrat der sozialen Stabilität, weshalb die Politik und ihre Entscheidungsträger*innen davor zurückscheuen, sie von sich zu entfremden. Neoliberale Politikansätze wurden in einem historischen und institutionellen Umfeld umgesetzt, in dem Immobilienbesitz bereits erheblich demokratisiert war, und hatten zumindest anfangs Erfolg dabei, auf diesem Erbe aufzubauen. Damit schufen sie eine bestimmte Wählerschaft in der Mittelschicht, die stark in das Versprechen der Wertsteigerung von Assets investiert hat. Vor diesem Hintergrund müssen wir die Tatsache verstehen, dass eine Politik, die darauf ausgerichtet war, die Asset-Inflation zu fördern, sich selbst in eine Falle manövriert hat.

35 Brink/Teles, *The Captured Economy*; Manish/O'Reilly, »Banking Regulation«; McCarty, »Complexity, Capacity, and Capture«.

Die Entstehung der Asset-Ökonomie

Preisinflation und Vermögensdeflation in den 1970er Jahren

Der zentrale »Datenpunkt« in der Argumentation dieses Buchs ist der seit Langem bestehende Trend, dass die Erwerbseinkommen und die Vermögenswerte, insbesondere die Immobilienpreise, in ihrer Entwicklung immer weiter auseinanderdriften. Dabei stellt die Kombination aus steigenden Vermögenspreisen und stagnierenden Arbeitseinkommen eben keinen natürlichen Trend dar, der sich im Kapitalismus immer dann einstellt, wenn von außen Regulierungen gelockert werden. Vielmehr waren aktive institutionelle Anstrengungen notwendig, um diese Entwicklung einzuleiten. Während der 1970er Jahre hatte genau die gegenläufige Dynamik – stagnierende Vermögenspreise, kombiniert mit einer Inflation der Arbeitseinkommen und Verbraucherpreise – die Oberhand gewonnen. Die Arbeitslosigkeit, kombiniert mit einer hohen Inflation bei den Löhnen und Preisen, zeigte in der Praxis die Grenzen des Keynesianismus als einer Politik staatlicher Lenkung auf. Die Lohn-Preis-Spirale der 1970er Jahre war das Symptom eines unentschiedenen Kampfes zwischen widerstreitenden sozialen Gruppen, die sich in einer Zeit des schwächelnden Wirtschaftswachstums ihre jeweiligen Besitzstände zu sichern versuchten. Während gewerkschaftlich organisierte Beschäftigte Lohnzuwächse durchsetzten, die mit der Inflation der Verbraucherpreise Schritt hielten oder diese sogar übertrafen, bemühte sich gleichzeitig die Arbeitgeberseite, die steigenden Arbeitskosten an die Verbraucher*innen weiterzugeben. In den USA wurden in der Stahlbranche Abschlüsse mit Lohnsteigerungen erzielt, die über dem Anstieg der Lebenshaltungskosten lagen.[1] In Großbritannien kratzten sie an den Grenzen des Lohnzuwachses, die der damalige Labour-Ministerpräsident James Callaghan in Zuge eines Sozialvertrags eingeführt hatte. Mit dem Winter of Discontent (1978/1979), in dem eine Welle wilder Streiks die Nation lahmlegte, setzten die Beschäftigten schließlich Lohnsteigerungen deutlich über der Preisinflation durch.[2] Auch in Australien scheiterten am Ende der 1970er Jahre Bemühungen der Regierung, die Löhne zu indexieren, am Widerstand der Arbeiterschaft.[3] Hatte die Arbeitgeberseite traditionell Arbeitslosigkeit als Drohmittel eingesetzt, um der Arbeiterschaft das Rückgrat zu brechen, so verlor diese Strategie ihre Wirksamkeit in einer Zeit großzügiger Arbeitslosenunterstützung, in der Sozialleistungen häufig an die Inflation angepasst wurden.

In den Vereinigten Staaten gingen die Löhne und Sozialleistungen meistenteils so stark wie der Verbraucherpreisindex nach oben, sodass die unteren und mittleren Schichten durch die Inflation kaum Einbußen hatten und zuweilen sogar beachtliche Zugewinne verzeichnen konnten.[4] Am stärksten profitierten Wohneigentümer*innen mit mittleren Einkommen von der Inflation, die für den Kauf eine Hypothek

1 Hoerr, *And the Wolf Finally Came.*

2 Medhurst, *That Option No Longer Exists;* Shepherd, *Crisis?*

3 Kaufman, *The Global Evolution of Industrial Relations,* S. 427.

4 Minarik, *Who Doesn't Bear the Tax Burden,* S. 225–277.

aufgenommen hatten. Bei festgelegten Rückzahlungen mit fixen Zinssätzen senkte die Inflation ihre Schulden.[5] Selbst Mieter*innen blieben von übermäßigen Belastungen durch die Preissteigerungen verschont, weil die Lohnentwicklung Mieterhöhungen meistens ausglich. Auf Wohlfahrt Angewiesene waren vor den Auswirkungen steigender Verbraucherpreise dadurch geschützt, dass die meisten Sozialprogramme an die Inflation angepasst wurden.[6] Ebenso wenig erhöhte die Inflation in den USA die steuerliche Belastung der Armen und der Mittelschicht, wie von rechten Kommentatoren häufig behauptet. Die schleichende Steuererhöhung durch die kalte Progression, die Beschäftigten mit niedrigen und mittleren Einkommen drohte, wurde in der gleichen Zeit durch Einführung persönlicher Freibeträge und Abzüge abgewendet.[7] Für die Gruppen der unteren Einkommen sanken die effektiven Steuersätze zwischen 1970 und 1979 sogar, wodurch das Einkommenssteuersystem insgesamt progressiver ausgestaltet wurde.[8]

Dagegen nagte die Inflation stark am Wohlstand des obersten Dezils und Perzentils – derjenigen, deren Vermögen in Finanzprodukten wie Aktien, festverzinslichen Wertpapieren oder Schatzanweisungen steckte und die ihr Einkommen vornehmlich aus Zinsen, Dividenden, Mieten und Kapitalerträgen bezogen. Im gesamten Verlauf der 1970er Jahre mussten Vermögende sichere Anlagemöglichkeiten finden,

5 Ebenda, S. 228.

6 Ebenda, S. 226.

7 Hibbs, *The American Political Economy*, S. 90f.

8 Ebenda, S. 92.

um ihre Investitionen vor dem Wertverfall zu schützen. Der Realwert von Unternehmensbeteiligungen war seit Mitte der 1960er Jahre stetig gefallen, während sich Inhaber*innen von Obligationen mit niedrigen oder sogar negativen Realzinsen konfrontiert sahen.[9] Als sich die Inflationsspirale weiterhin nach oben drehte, herrschte eine gewaltige Unsicherheit, was die langfristige Zukunft von Assets wie Obligationen betraf. Die Lohn- und Preisinflation übersetzte sich so in eine Vermögenspreisdeflation.[10]

Verschiebungen im Steuer- und Finanzsystem

Auch wenn die Bedrohung der Vermögenspreise in der gesamten angloamerikanischen Finanzwelt zu spüren war,[11] entfachte das Problem des Wertverfalls von Assets besonders in den Vereinigten Staaten hitzige Diskussionen. Dies vor allem deshalb, weil während der gleichen Periode Kapitalerträge und Anlagerenditen auch durch progressive Steuerreformen unter Druck gerieten. Anfang der 1970er Jahre versprach der demokratische Präsidentschaftskandidat George McGovern, Wohlstand über das Steuersystem radikal umzuverteilen, viele dieser Ideen[12] griff Jimmy Carter später im Jahrzehnt wieder auf.[13] Im Wahlkampf 1976 versprach Carter, die Besteuerung

9 Minarik, *Who Doesn't Bear the Tax Burden*, S. 228.
10 Konings, »Rethinking Neoliberalism«; Phillips, *Die amerikanische Geldaristokratie*.
11 Epstein/Jayadev, »The Rise of Rentier Incomes«; Jordà u. a., »The Rate of Return on Everything«.
12 Silk, »McGovern Tax Proposals Examined«.
13 Graetz, »The Democrats' Tax Program«.

von Kapitalerträgen und gewöhnlichen Einkommen aneinander anzupassen, und forderte ein progressiveres Steuersystem. Das übergreifende Ziel dieser Reformen bestand darin, die Steuerbelastung von den Bevölkerungsgruppen mit geringen und mittleren Einkommen, die von den Steuervorteilen der Kapitalertragssteuer kaum profitierten, auf die mit hohen Einkünften zu verlagern. Sie profitierten übermäßig von Wertsteigerungen von Kapitalanlagen.[14]

Die Wall Street rief eine Gegeninitiative ins Leben, um Carters Vorschläge anzufechten. Ihr beispringend, versuchten einige profilierte Wirtschaftswissenschaftler*innen zu demonstrieren, warum die Besteuerung von Kapitalerträgen als gewöhnlichen Einkünften der US-Wirtschaft schweren Schaden zufügen würde. Insbesondere Martin Feldstein tat sich als entschiedener Gegner von Carters progressiven Steuerreformen hervor. In seiner Zeit als Präsident des angesehenen National Bureau for Economic Research veröffentlichte er eine Serie einflussreicher Studien, die angeblich nachwiesen, dass höhere Kapitalertragssteuern Unternehmensinvestitionen abwürgten, Staatseinnahmen verringerten und den Anlagemarkt zum Erliegen brächten, indem sie Investoren an bestehende Vermögenspositionen bänden.[15] Da aus den angesehensten Kreisen der akademischen Welt stammend, wurden Feldsteins Ideen mit Beifall aufgenommen und von einer neuen Führungsgruppe von Verfechter*innen der angebotsorientierten Wirtschaftspolitik weiterverbreitet. Steueranreize, so

14 Bartlett, »The Rise and Fall of Carter's 1978 Tax Reform«.

15 Feldstein, »Inflation and Capital Formation«; Feldstein/Slemrod, »Inflation and the Excess Taxation of Capital Gains«.

ihre Argumentation, seien das sicherste Mittel für Investitionen, um die Wirtschaft anzukurbeln und die Staatskassen zu füllen, ohne dabei die Inflation anzuheizen.[16]

Die Kampagne war so erfolgreich, dass Carter seine Vorlage für eine Steuerreform am Ende stark verwässert einbrachte.[17] Unzufrieden mit diesem Teilerfolg, drängten seine Gegner auf ein alternatives Vorhaben, um die bestehende steuerliche Belastung von Kapitalerträgen noch stärker zu verringern. Der Revenue Act von 1978 sah eine höchst regressive Besteuerung vor: Von der Absenkung profitierten überwiegend die vermögendsten Haushalte.[18] Eine Art Zustimmung von der Basis fand das Gesetz allerdings bei kalifornischen Hausbesitzer*innen mit mittleren Einkommen, die einen eigenen Kampf gegen die Besteuerung ihres geschätzten Immobilienbesitzes führten. Wie Michelmore bemerkte,[19] »stellte der Revenue Act von 1978, der letzte Steuerentwurf des Jahrzehnts, eine Kostümprobe für die Steuerpolitik der Reagan-Ära dar«.

Als Teil seines Entlastungsprogramms von 1981 kürzte Reagan den Spitzensteuersatz auf Kapitalerträge auf ganze 20 Prozent – auf das niedrigste Niveau seit der Hoover-Administration – und erhöhte den Grundfreibetrag bei der Erbschaftssteuer.[20] 1986 sah sich Reagan durch Engpässe im Haushalt allerdings zu einem Kurswechsel gezwungen, bei dem er Kapitalerträge und gewöhnliche Einkommen steuerlich gleich-

16 Domitrovic, *Econoclasts.*
17 Kuttner, *Revolt of the Haves,* S. 242.
18 Ebenda, S. 147.
19 Michelmore, *Tax and Spend,* S. 128.
20 Phillips, *The Politics of Rich and Poor,* S. 76 ff.

stellte (wenn auch in der Praxis nur mit einer geringfügigen Maximalbesteuerung der Kapitalerträge, weil auch der Spitzensteuersatz auf gewöhnliche Einkommen inzwischen stark gesunken war). Diese Entscheidung wurde allerdings wieder kassiert: 2003 reduzierte George W. Bush den Spitzensteuersatz für Kapitalerträge auf 15 Prozent und führte niedrigere Sätze für Dividenden ein. 2017 erhöhte Trump den Freibetrag bei der Erbschaftssteuer und versuchte eine weitere Absenkung der Steuern auf Kapitalerträge durchzusetzen. Als Konsequenz dieser Veränderungen im Steuersystem werden Veräußerungsgewinne und Kapitalerträge gegenwärtig deutlich geringer belastet als Erwerbseinkünfte – mit vorhersagbaren Auswirkungen auf die generelle Verteilung von Vermögen und Einkommen.

Die Argumente vonseiten der Verfechter*innen der Angebotspolitik für eine steuerliche Bevorzugung von Kapitalerträgen wurden auch in andere Länder exportiert. In Australien führte die Labor-Regierung von Premierminister Bob Hawke 1985 erstmals eine Kapitalertragssteuer ein, als Teil ihres Projekts, das Steuersystem gerechter auszugestalten.[21] Aber dieses Vorhaben wurde »verschlankt«, zunächst 1987 mit der Entscheidung von Premierminister Paul Keating, das sogenannte »negative Gearing« – Steuervergünstigungen für Investitionen mit zu viel Fremdkapital – zu ermöglichen, und noch drastischer durch den liberalen Premierminister John Howard, der 1999 die Kapitalertragssteuer drastisch absenkte. Dessen Steuerreformen waren direkt durch Alan Reynolds in-

21 Head, »Australian Tax Reform«.

spiriert, einen US-Verfechter der Angebotspolitik, den die australische Börse mit einem Bericht über Investitionsanreize beauftragt hatte.[22] Die Einführung eines Steuerprivilegs für Kapitalerträge wurde als Anreiz für Investitionen am Aktienmarkt und in Innovationen verkauft, diente in Australien aber prosaischer dazu, den Markt für Geldanlagen in Immobilien anzukurbeln.[23] Das negative Gearing nutzten lange Zeit Lohn- und Gehaltsempfänger mit einem hohen Grenzsteuersatz als eine lukrative Steuervermeidungsstrategie, weil in Australien als einem von wenigen Ländern Verluste aus Kapitalanlagen gegen *jede* Art Einkommen, auch die aus Arbeit, verrechnet werden können.[24] Bis zu Howards Reformen konnten Investor*innen solche Verluste nur *aufschiebend* bis zum Verkauf geltend machen. Danach trat die volle Besteuerung ein, entsprechend dem jeweils höchsten Grenzsteuersatz. Als Howard die Kapitalertragssteuer auf Investitionen halbierte, wurde das negative Gearing weitaus attraktiver: Jetzt diente es nicht mehr nur als ein Mittel, um Steuerzahlungen aufzuschieben, sondern um sie dauerhaft abzusenken.[25] Der kombinierte Effekt solcher Anreize besteht darin, dass sich Einkünfte aus Arbeit beliebig in solche aus Kapital umwandeln lassen – womit sich die Grenzsteuersätze halbieren.[26] In einem Kontext, in dem die Regierungspolitik zudem aktiv auf

22 Review of Business Taxation, *A Tax System Redesigned;* Reynolds, A., *Capital Gains Tax; Sydney Morning Herald,* »Howard's Crackpot Capital Gains Tax Reforms Fail«.
23 Quiggin, »Economic Policy«.
24 Daley/Wood, *The Wealth of Generations.*
25 Eslake, *Australian Housing Policy,* S. 9.
26 Daley/Wood, *The Wealth of Generations,* S. 17.

Lohnzurückhaltung hinwirkte, ermöglichte es das negative Gearing Besserverdienenden und Anleger*innen, die progressive Besteuerung ihrer Kapitalerträge und Arbeitseinkommen zu vermeiden.[27]

Auch in Großbritannien sorgten die Rezepte der Angebotspolitik für den Einzug eines regressiveren Steuersystems, gekennzeichnet durch eine generelle Entlastung bei der Einkommenssteuer mit einer gleichzeitigen Erhöhung der Verbrauchssteuern, die Geringverdienende besonders heftig trifft. In seinem Haushalt von 1988 kürzte der damalige Schatzkanzler Nigel Lawson den Spitzensteuersatz für Einkünfte (aus Arbeit wie aus Kapital) auf 40 Prozent. Die Reform stellte zwar die Besteuerung von Erwerbseinkommen und Kapitalerträgen gleich, wobei Lawson sie aber den Asset-Holders durch die Hintertür dadurch versüßte, dass er die Kapitalertragssteuer so absenkte, dass für die Verluste durch die Verbraucherpreisinflation ein Ausgleich geschaffen wurde.[28] Mit dem Etat von 2008 leitete die Labour-Regierung unter Gordon Brown eine noch radikalere Runde der Reformen zugunsten einer Angebotspolitik ein – mit der Einführung eines einheitlichen Kapitalertragssteuersatzes von 18 Prozent und der Abschaffung von Bestimmungen der degressiven Steuerermäßigung *(taper relief)*, die darauf abgezielt hatten, längerfristige Investitionen in Betriebsvermögen zu honorieren.[29] Letzteres sollte einem weit verbreiteten Missbrauch durch Private-Equity-Gesellschaften Einhalt gebieten. Nichtsdestotrotz wurde der

27 Atkinson/Leigh, »The Distribution of Top Incomes in Australia«.

28 Healey, »The Thatcher Supply-side ›Miracle‹«.

29 Seely, A., *Capital Gains Tax*.

progressive Effekt der Reform durch die nie dagewesene Absenkung der Besteuerung von Kapitalerträgen konterkariert. Zur Verteidigung der Reform prahlte Schatzkanzler Alistair Darling damit, dass »wir Investitionen belohnen wollen«, also »liegen wir richtig damit, wenn wir jetzt Erträge geringer besteuern als Einkommen – und der neue Einheitssatz zählt zu den wettbewerbsfähigsten in der Welt, liegt unter der Hälfte des Spitzensteuersatzes für Einkommen und unter der Hälfte des Satzes von vor zehn Jahren«.[30]

Wie in Australien wirkten sich solche Steuervergünstigungen besonders drastisch auf den Immobilienmarkt aus. Als 1965 die Kapitalertragssteuer eingeführt wurde, blieben Immobilien, die als Hauptwohnsitz gedient hatten, von der Besteuerung des Veräußerungsgewinns ausgenommen, eine eher sinnvolle Vergünstigung in einer Zeit, als die Immobilienpreise im Gleichschritt mit der Lohn- und Verbraucherpreisinflation stiegen und der private Häusermarkt ins soziale Wohnen eng eingebunden war. Da aber inzwischen Privatvermietungen in diesem Sektor vorherrschend wurden, trug die Freistellung von der Besteuerung von Veräußerungsgewinnen dazu bei, dass Wohnraum vermehrt in eine lukrative Geldanlage umgewandelt wurde, unbelastet von den Steuersätzen, die auf Arbeitseinkommen anfallen.[31]

Und Steuerreformen waren keineswegs die einzigen notwendigen institutionellen Interventionen, um die Lohninflation der 1970er Jahre umzukehren. Es brauchte eine neue Formel für die Steuer- und Geldpolitik, die für die Verstetigung

30 Darling, HM Treasury Press Notice 134/07.

31 Ryan-Collins u. a., *Rethinking the Economics of Land and Housing*.

niedriger Löhne und aufgeblähter Kapitalerträge sorgen würde. Eingeführt werden sollte sie in den 1990er Jahren, als Regierungen und Zentralbanken sich auf die gemeinsame Ausarbeitung eines Programms einigten: Vorgesehen waren regressive Steuern, »ausgeglichene Haushalte« (mit niedrigen öffentlichen Ausgaben), ein ständiges Augenmerk auf die (Lohn- und Preis)Inflation sowie eine Strategie, um die Asset-Inflation wohlwollend zu vernachlässigen.[32]

Um dieses Regime einzuführen, mussten zunächst der Arbeiterbewegung empfindliche Niederlagen zugefügt werden. In den USA und in Großbritannien erhöhten die Federal Reserve und die Bank of England die Leitzinssätze mit dem Ziel, eine Rezession herbeizuführen. Hier diente Milton Friedmans »Monetarismus« als technischer Vorwand, um vorsätzlich einen Konjunkturrückgang einzuleiten. Während lange Monate der Arbeitslosigkeit die Arbeiterbewegung in die Knie zwangen, machten sich die Regierungen daran, den rechtlichen und sozialen Schutz der vorangegangenen Jahrzehnte abzubauen. Die zerschlagene Verhandlungsmacht der organisierten Arbeiterschaft gab den Konzernen freie Hand, Produktionseinheiten ins Ausland zu verlagern und die Löhne heimischer Beschäftigter zu kürzen. Derweil sorgten im Verlauf der frühen 1980er Jahre immer noch hohe Zinssätze dafür, dass Billigimporte ins Land strömten und dem Anstieg der Verbraucherpreise ein Ende setzten. 1982 hatten die Federal Reserve und die Bank of England die Lohn- und Preisinflation offenbar besiegt.

32 Palley, *From Financial Crisis to Stagnation*.

In Australien erfolgte die Gegenoffensive später und war als solche schwerer erkennbar angesichts einer Vorgeschichte, die durch eine korporatistische Konsensbildung zwischen Gewerkschaften und einer Labor-Regierung des Dritten Wegs gekennzeichnet war.[33] Als 1991 die Reserve Bank of Australia einen überhitzten Aktienmarkt zu bändigen versuchte, indem sie den kurzfristigen Leitzins erhöhte, nutzte Paul Keating die Rezession, um unter die von Lohnerhöhungen angetriebene Inflation einen Schlussstrich zu ziehen. Unter Berufung auf die Notwendigkeit, »das Stöckchen der Inflation zu fassen«, bezeichnete Keating die hohen Arbeitslosigkeitsraten als »die Rezession, die wir brauchten«.[34] Inmitten des Konjunkturabschwungs führte er eine radikalere Maßnahme ein, um die Inflation zu deckeln: Die zentralisierten Tarifverhandlungen wurden schrittweise zugunsten von solchen mit den Betrieben zurückgedrängt, eine institutionelle Maßnahme, die die Verhandlungsmacht der Gewerkschaften drastisch schwächte.[35]

In den 1990er Jahren war die neue geldpolitische Orthodoxie – Unabhängigkeit der Zentralbanken und stetige Inflationsbekämpfung – rund um den Globus auf dem Vormarsch.[36] Während die Inflation der Verbraucherpreise um jeden Preis bekämpft werden musste, zielten die Zentralbanken in ihren stabilisierenden Strategien niemals gegen die Vermögenspreise.[37] Vielmehr tolerierten und förderten sie die Asset-Inflation seit

33 Humphrys, *How Labour Built Neoliberalism;* Humphrys/Cahill, »How Labour Made Neoliberalism«.

34 Bell, *Australia's Money Mandarins,* S. 58–79.

35 Bell/Keating, *Fair Share,* S. 63.

36 Pixley u. a. »Central Bank Independence«.

37 Krippner, *Capitalizing on Crisis.*

den 1980er Jahren, während sie zur selben Zeit der von der Lohnentwicklung angetriebenen Inflation mit höchster Wachsamkeit begegneten.[38] Die gesamte Nachkriegszeit hindurch hatte die Lohn- und Preisinflation als segensreiches Übel gegolten, das für Vollbeschäftigung in Kauf zu nehmen war – eine vernünftige Auffassung, eingeflossen in die sogenannte Phillips-Kurve. Die monetären Schocks der frühen neoliberalen Ära kippten diesen Konsens und führten schrittweise zu einem neuen Verständnis von der Zentralbank als Hüterin der Preisstabilität. Von den Notenbanken wurde nun erwartet, dass sie dadurch politische Unabhängigkeit zeigten, dass sie die Preisinflation und die Lohnentwicklung unerschütterlich im Zaum hielten. Unter dem neuen monetären Regime bedienten sie unmittelbar die sensiblen Interessen der Obligationär*innen und versuchten sich ihr Vertrauen zu bewahren, indem sie aktiv politische Entscheidungen des Staates durchkreuzten. Hatten sie einst den Wert von Assets geopfert, um Lohnerhöhungen zu ermöglichen, so strebten sie jetzt danach, die Entwicklung der Löhne und Verbraucherpreise zugunsten der Wertsteigerung von Kapitalanlagen einzudämmen.

Die Finanzbehörden blieben natürlich über geraume Zeit besorgt, dass die Asset-Inflation am Ende auf die Verbraucherpreise übergreifen könnte, und insbesondere, dass die Rettung großer Finanzinstitute am Ende die gleichen Inflationseffekte herbeiführen könnten, die sich bei den sozialen Absicherungen in den 1970er Jahren gezeigt hatten. Aber Bailouts kamen von Natur aus deutlich selektiver zum Einsatz als

38 Goodhart, »What Weight Should be Given to Asset Prices?«

damals die flächendeckende Vergesellschaftung von Risiken. Erst in den 1990er Jahren erkannten die Finanzbehörden vollauf die Merkmale dieses neuen Lohnregimes und die sich daraus ergebenden Möglichkeiten. Was einst als Förderung eines moralischen Risikos galt – Erwartungen finanzieller Hilfen zu wecken –, wurde zunehmend als ein Instrument politischer Lenkung betrachtet. Unter Alan Greenspans Amtszeit als Vorsitzender der US-Notenbank tauchte eine Art vorbeugendes Programm für Nothilfen auf, darauf ausgelegt, den Liquiditätsdruck auf große Institutionen zu lindern, sobald der Aufwärtstrend der Asset-Preise in Gefahr geriet (der »Greenspan Put«) – was im kompletten Widerspruch zur klassischen Doktrin vom Kreditgeber letzter Instanz (Lender of Last Resort) stand, wonach die Zentralbank nur als allerletztes Mittel einspringen durfte, wenn alle anderen ausgeschöpft waren. Auf die Art wurde in die Logik der Vermögenspreissteigerung eine regressive Tendenz eingebaut, die für ihr Weiterwirken entscheidend war.

Die neoliberale Geldpolitik hatte insgesamt den Effekt, dass sie das Verhältnis zwischen Lohn- und Vermögenspreisinflation, das in der Nachkriegszeit und bis in die 1970er Jahre vorgeherrscht hatte, auf den Kopf stellte. Seit den 1980er Jahren hielt die Lohnentwicklung nur mühsam mit der niedrigen Verbraucherpreisinflation Schritt, während die Kapitalanlagen im Besitz der reichsten Haushalte rasant an Wert zulegten.[39] Insgesamt generierten diese Steigerungen der Vermögenspreise ein massives Wachstum bei Kapitalerträgen und

39 Canterbery, *Wall Street Capitalism;* Greider, W., *Secrets of the Temple.*

Einkommen aus Investitionen. Wolf führt einen Großteil der Wohlstandskonzentration ab den 1980er Jahren auf den Wertzuwachs bestehender Vermögen – also auf Kapitalgewinne bestehender Assets – zurück,[40] unter Hinweis darauf, dass Bezieher*innen von Arbeitseinkommen nicht darauf hoffen konnten, aus ihren stagnierenden oder sinkenden Löhnen und Gehältern Vermögen in vergleichbarer Höhe zu akkumulieren.[41] Ähnliche Ergebnisse zeigten sich in Großbritannien[42] und Australien[43]. Das Resultat dieser kombinierten Dynamik aus dem Wertzuwachs von Assets und der Stagnation von Erwerbseinkommen vergrößerte zwangsläufig die Kluft zwischen denen, die Einkommen aus Arbeit und denen, die solches aus Kapital bezogen.

Die Demokratisierung des Asset-Besitzes und ihre Widersprüche

Diese Dynamiken hätten sicherlich erheblichen sozialen Aufruhr entfacht, wären sie nicht mit dem Versprechen einhergegangen, dass die Gewinne aus der Wertsteigerung von Assets unter der breiteren Bevölkerung verteilt würden. Die Angebotspolitik der Trickle-down-Ökonomie war nur der krasseste Ausdruck einer Ideologie des demokratisierten Kapitals, die einen integralen Bestandteil des Gesamtprojekts des neo-

40 Wolff, »The Rich Get Increasingly Richer«; siehe ebenso Wolff, »Household Wealth Trends in the United States.

41 Wolff, »The Rich Get Increasingly Richer«, S. 28.

42 Roberts u. a. *A Wealth of Difference.*

43 Davidson u. a., *Inequality in Australia 2018.*

liberalen Kapitalismus bildete: Regierungen ermunterten Menschen zur Teilnahme an der Asset-Ökonomie, um ihre Einbußen bei den Einkommen aus Arbeit durch solche aus Investitionen auszugleichen. Margaret Thatcher erkannte als Erste die emotionale Anziehungskraft dieser Sichtweise, als sie inmitten ihrer Angriffe auf die Gewerkschaften und den öffentlichen Sektor britischen Mieter*innen aus der Arbeiterschicht die Möglichkeit eröffnete, ihre Sozialwohnungen mit langfristigen Finanzierungsplänen zu erwerben. Die Hoffnung war, dass dies als buchstäblicher Einkauf in die Anlagepsychologie dienen und ehemals vom öffentlichen Sektor Abhängige ermuntern sollte, sich anstatt als Arbeiter*innen als Vermögende und Rentiers zu sehen.

Im Jahr 1988 sah der damalige Schatzkanzler Nigel Lawson eine nicht allzu ferne Zukunft voraus, in der Großbritannien eine »Nation der Erben« sein würde. Selbst die Haushalte der Arbeiterschicht würden ihre Interessen in einer Reihe mit denen der Rentiersklasse sehen.[44] In den USA pries Ronald Reagan den Pensionsfonds-Kapitalismus als eine Entschädigung für die wachsende Arbeitsplatzunsicherheit und für prekäre Löhne: Beschäftigte, die den Schutz ihrer Beschäftigung, einschließlich festgelegter betrieblicher Altersvorsorgen verloren, wurden durch die Aussicht darauf beschwichtigt, dass sie über ihren Pensionsplan von einem Aktienmarkt in Höhenflug profitieren könnten.[45] Als sich in Australien in den 1980er Jahren die Lohnverhandlungen zwischen den Gewerkschaften und der Regierung eher um Lohnzurückhaltung als um

44 Hamnett, *Winners and Losers.*
45 Davis, *Managed by the Markets.*

die Erhöhung der Soziallöhne drehte, versuchte Paul Keating, die Beschäftigten von Rentenansprüchen aus Löhnen zu entwöhnen, indem er die Werbetrommel für die Vorzüge des Pensionsfonds-Kapitalismus rührte und allen Zugang zu einer Rentenversicherung *(superannuation)* verschaffte.[46]

In den 1990er Jahren gingen die Politikberatenden des Dritten Wegs mit dem Versprechen der demokratisierten Kapitalerträge einen weiteren Schritt mit dem Vorschlag, auch Sozialleistungsempfänger*innen einen sozialen Aufstieg zu ermöglichen, wenn man ihnen beibringen könne, Assets zu erwerben und zu bewirtschaften.[47] Als Anfang der 2000er Jahre die Aktienmärkte ins Trudeln gerieten und die Träume des Pensionsfonds-Kapitalismus verblassten, verstärkten die Regierungen in der gesamten angloamerikanischen Welt ihre Bemühungen, Geringverdienende und auf Sozialhilfe Angewiesene ins Wohneigentum zu bugsieren. Die rapide Ausweitung eines Markts für zweitklassige Hypothekendarlehen in den USA, die es Haushalten mit prekären und spärlichen Einkommen ermöglichte, Vermögensbesitz zu erwerben, indem sie übermäßig hohe Schulden aufnahmen, unterstrich die entscheidende Rolle günstiger und reichhaltiger Kredite dabei, den Traum vom demokratisierten Asset-Besitz aufrechtzuerhalten. Nur um den Preis einer beispiellosen Verschuldung ihrer Haushalte erhielten Geringverdienende eine Chance, Einkommen aus Assets zu beziehen.

Das wohl ehrgeizigste Vermächtnis des Neoliberalismus des Dritten Wegs – und zudem ein besonders beliebtes auf

46 Humphrys, *How Labour Built Neoliberalism*, S. 148–152.
47 Sherraden, »Assets and Public Policy«.

dem Höhepunkt der »New Economy« der 1990er Jahre – war die Idee, dass hochqualifizierte Beschäftigte und andere aus der Kreativklasse ihr Knowhow in gleicher Weise monetarisieren könnten wie Leute, die in Kapitalanlagen investieren. Der Gedanke, Erwerbstätige dadurch in Investor*innen verwandeln zu können, dass ihre Arbeitskraft zu einem Kapitalstock erhoben würde, hat eine lange Tradition in der Humankapitaltheorie der Chicagoer Schule. Das Besondere an der Herangehensweise des Dritten Wegs ans Humankapital ist allerdings die Überzeugung, dass der Staat für den Erwerb solcherlei Assets zunächst aktiv Anreize setzen und ihn demokratisieren müsse. Von New Democrats und New Labour gleichermaßen verfochten, wurde mit diesem Ansatz versucht, die negativen sozialen Auswirkungen der allgemeinen Lohnstagnation dadurch abzufedern, dass alle zur Selbsthilfe Bereiten darin unterstützt würden, Einkommen aus hochqualifizierter Arbeit in Einkommen aus Kapital zu überführen. Der faktische Unterschied zwischen dieser und anderen Neuauflagen der Asset-Besitz-Demokratie bestand in dem Versuch, die Meritokratie mit einem Leben aus Kapitalerträgen auszusöhnen: Wenn die Wohneigentums-Demokratie Leute allein dafür belohnte, dass sie eigene vier Wände besaßen, und der Aktionärskapitalismus denen mit Anteilsscheinen Erträge bescherte, dann versprach die Humankapitaltheorie des Dritten Wegs, wahre Fähigkeiten und Talente in Kapitalerträge umzumünzen. Für die Verfechter der New Economy waren Asset-Holder zugleich Erfindende und Kreative. In einer offenkundigen Kampfansage an die althergebrachte Vorstellung, dass Renditen »nichterarbeitetes Einkommen« seien, sollten Kapitalerträge denen zufließen, die sie »erwirtschafteten«.

Besonders gut verfing diese Rhetorik des Dritten Wegs in den USA, wo Clinton und sein wirtschaftspolitischer Chefberater und Arbeitsminister Robert Reich Investitionen in die neue High-Tech-Wirtschaft des Silicon Valley als Alternative zu den aussterbenden einstigen Jobs im Produktionsbereich propagierten. Hier machten hochfliegende Aktienkurse, kombiniert mit veränderten Kapitalertragssteuern, Aktienoptionen zu einer bedeutenden zusätzlichen Einkommensquelle für Hochqualifizierte.[48] Aktienoptionen als Form der Managervergütung waren in den 1930er Jahren eingeführt worden, als diese durch ihre steuerliche Bevorzugung deutlich attraktiver gewesen waren als Erwerbseinkommen.[49] In den 1960er Jahren wurden sie als alternativer Einkommensstrom abgeschafft und auch obsolet, weil Kapitalerträge und Erwerbseinkommen in den 1970er Jahren steuerlich gleichgestellt wurden. Wiederbelebt wurde diese Art der Vergütung allerdings 1981 durch die Reagan-Administration, die Steuervergünstigung für Kapitalerträge wiederherstellte und die Regeln zur Ausgabe von Optionen an Beschäftigte lockerte.[50] Die Idee, dass Mitarbeitende im IT-Bereich und andere »Symbolanalyst*innen« einen Teil ihrer Einkünfte aus Aktienoptionen beziehen würden, wirkte auf Verfechter*innen des Dritten Wegs in der Demokratischen Partei besonders verlockend: Sie suggerierte

48 Henwood, D., *After the New Economy.*

49 Lazonick, W., *Sustainable Prosperity in the New Economy?*, S. 48.

50 Ebenda, S. 50.

buchstäblich, dass sich auf die Art Humankapital in Asset-Besitz übersetzen ließ.

Clintons erster Arbeitsminister Robert Reich war besonders einflussreich bei der Verbreitung des Gedankens, dass das fordistische Modell der industriellen Massenproduktion und der organisierten Arbeiterschaft nicht mehr zu retten sei und die Volkswirtschaften sich an die Realitäten der neuen Informationswirtschaft anpassen müssten. Sie machte Wissen zur Hauptquelle der Wertschöpfung. Angesichts zunehmend globalisierter Produktionsketten und Finanzmärkte, so Reichs Argumentation, sei Humankapital die einzige Ressource, die eine Nation als Besitz für sich in Anspruch nehmen könne, und der einzige Anreiz, mit dem sich volatile Investmentfonds zuverlässig anlocken und halten ließen.[51] Nationaler Wohlstand und hohe Löhne seien mit einem zwischen Staat, Kapital und Gewerkschaften ausgehandelten Vertrag nicht mehr aufrechtzuerhalten: Allein die Fähigkeit von Volkswirtschaften, globale Investmentfonds anzuziehen, könne beides noch sichern. Allerdings kam dem Staat hier immer noch eine Rolle dabei zu, sein Innovationsregime so attraktiv wie möglich auszugestalten, durch eine stetige öffentliche Investition in Forschung, Bildung und Infrastruktur.

Clintons ursprüngliche Agenda zum Humankapital war ehrgeizig und versprach, gewaltige Mittel in Forschung und Entwicklung zu pumpen, verstärkt in die landesweite Infrastruktur zu investieren und eine Behörde für Venture Capital einzurichten, um zu hochriskanten Innovationen anzuspor-

51 Reich, *The Work of Nations*.

nen.[52] In seiner Rede zur Amtseinführung am 20. Januar 1993 gab Clinton seine Absicht bekannt, »Millionen langfristiger, gut bezahlter Jobs zu schaffen«, mithilfe »eines Programms, um unsere Wirtschaft auf Touren zu bringen«. Der Wirtschaftsplan der New Democrats firmierte unter der Überschrift »Technologie für Amerikas Wirtschaftswachstum: Eine neue Richtung zum Aufbau wirtschaftlicher Stärke«. Vorgesehen waren öffentliche »Investitionen da, wo sie am meisten Gutes bewirken: Anreize für Betriebe, um neue Jobs zu schaffen; Investitionen in Ausbildung und Qualifizierung«.[53] Cebul[54] bezeichnet die Strategien für Humankapital der New Democrats treffend als »Liberalismus der Angebotspolitik«: Nach einem Jahrzehnt des Privatkapital liebenden angebotsorientierten Neoliberalismus seitens der Republikaner und dem offenkundigen Triumph des Rechtspopulismus unter der weißen Arbeiterschicht waren die New Democrats zur Überzeugung gelangt, dass staatliche Eingriffe zugunsten der Nachfrageseite zum politischen und wirtschaftlichen Scheitern verurteilt seien. Jetzt lautete ihre Argumentation, die wirtschaftliche Umverteilung sei am besten durch staatliche Anreize für Investitionen und die Schaffung von Arbeitsplätzen von privater Seite zu erreichen. Von den Verfechter*innen der Angebotspolitik aus der Reagan-Ära unterschieden sie sich nur darin, dass sie staatliche Investitionen als notwendigen Impuls für weiteres Wachstum auf der Angebotsseite sahen.

52 Cebul, »Supply-side Liberalism, S. 160.
53 Ebenda, S. 161.
54 Cebul, »Supply-side Liberalism«.

Begleitet wurde diese Agenda allerdings von Anfang an von öffentlichen Sparmaßnahmen, mit der sich die New Democrats von der »Steuer- und Ausgabenpolitik« ihrer Vorgänger*innen abzusetzen versuchten. Die Verringerung des Haushaltsdefizits rückte zunehmend in den Mittelpunkt, wobei Clintons radikalere Berater*innen, hauptsächlich Robert Rubin, vor den negativen politischen Folgen warnten, sollten keine entscheidenden Maßnahmen ergriffen werden.[55] Kombiniert mit den Ratschlägen des Notenbankchefs Alan Greenspan, der ausgeglichene Haushalte als ein notwendiges (nicht nur strategisches) Gegenstück zur Asset-Inflation ansah, gewann diese Einstellung am Ende die Oberhand über die bescheidene Vision in Clintons ursprünglichen Plänen. Wie Cebul anmerkt: Nachdem die Bestrebungen der Regierung abgeschmettert worden waren, eine Agenda des Dritten Wegs zum Humankapital zu finanzieren, »beinhaltete die politische Fantasie der Clinton-Administration kaum mehr als einen Kotau vor den Unternehmern und High-Tech-Sektoren sowie eine reflexartige Huldigung an den Markt als den wesentlichen Garanten seiner eigenen Entwicklung«.[56] Clinton leistete privaten High-Tech-Investoren eine beispiellose Unterstützung, indem er den weltweiten Schutz von geistigem Eigentum stärkte und 1997 die Kapitalertragssteuer noch weiter absenkte – was ihm den widerwilligen Respekt der Verfechter*innen der Angebotspolitik aus der Reagan-Ära eintrug. (Nicht umsonst prahlte der republikanische Veteran Arthur

55 Schuldes, *Retrenchment in the American Welfare State*, S. 34f.
56 Cebul, »Supply-side Liberalism«, S. 164.

Laffer damit, dass er zweimal hintereinander für Clinton gestimmt habe.)[57]

Die Unfähigkeit Clintons, die Imperative des steuerpolitischen Konservativismus mit einer Ausweitung staatlicher Investitionen ins Humankapital unter einen Hut zu bekommen, weist auf einen strukturellen Widerspruch im Kern der Idee der demokratisierten Teilhabe an der Asset-Inflation hin. Wie Greenspan Clinton hartnäckig erklärte, war es schlicht unmöglich, den gewaltigen »Wohlstandseffekt«, den eine anhaltende Asset-Inflation hervorbrachte, mit einem Programm ernstzunehmender öffentlicher Investitionen in Einklang zu bringen. Sobald die Obligationär*innen Wind von irgendwelchen Versuchen der Regierung bekamen, die Löhne oder Sozialleistungen zu erhöhen, fürchteten sie eine Rückkehr in die finsteren Zeiten der 1970er Jahre und verlangen sofort einen »Inflationsausgleich« in Form höherer Zinssätze.[58] Wenn die Regierung Geld in den öffentlichen Sektor pumpe und damit das Risiko steigender Löhne eingehe, würde sie dem Anstieg der Asset-Preise und Kapitalerträge einen Dämpfer aufsetzen. Nur eines von beiden war zu haben: hohe Preise von Vermögenswerten oder ein Schöpfen aus dem Vollen im öffentlichen Sektor.

Wie Greenspans (lohn)inflationsbekämpfende Geldpolitik zeigte, bestand der einzig gangbare Weg zur »Demokratisierung« des Kapitals darin, die arbeitende Bevölkerung zu ermuntern, sich selbst in die Asset-Ökonomie einzukaufen, mit der Aufnahme immer höherer Schulden durch private Haus-

57 Laffer u. a., *The End of Prosperity*.
58 Woodward, *The Agenda*.

halte. Doch entgegen dem Evangelium der Humankapitaltheorie der Chicagoer Schule startete nicht jede Person mit dem gleichen Bestand an Vermögenswerten ins Leben. Aber jede konnte sich dank der ungewöhnlich billigen und üppig verfügbaren Kredite einen Weg in die vermögensbasierte Ökonomie bahnen. Mit einer Verschiebung in die Zukunft und dem Angebot von Krediten für Privatpersonen zu historisch beispiellos günstigen Bedingungen war Greenspans verschuldungsabhänge Version des demokratisierten Asset-Besitzes die mit Abstand zweitbeste Lösung gegenüber Clintons Weg der öffentlichen Investitionen. Solange die Regierung den Vorteil dieses Kreditbooms nutzte, um die Einkommensschwachen zur Investition in Wohnraum zu animieren, wurden steigende Immobilienpreise zu einem wohltätigen Selbstläufer, bei dem diese als stetig wachsende Sicherheiten dienten, um weitere Kredite aufzunehmen. Anstatt zu einer diskreditierten Politik der sozialen Investitionen und der Lohnsteigerungen zurückzukehren – was die US-Notenbank unter allen Umständen blockieren würde –, drängte Greenspan Clinton dazu, den »Wohlstandseffekt« der Vermögenspreissteigerung auf die Allgemeinheit auszuweiten, indem er die Regeln für Kreditvergaben lockerte.[59]

Regierungen des Dritten Wegs sind diesem Pfad üblicherweise gefolgt, wobei sie insbesondere zunächst die Vorzüge der Wissensökonomie priesen und am Ende dann auf den Immobilien- oder Aktienbesitz als den gangbarsten Weg zum Politikwechsel setzen. Letztlich ist es unmöglich, eine neue

59 Greenspan, *Issues for Monetary Policy*.

Mittelschicht aus hochbezahlten Wissensarbeiter*innen zu schaffen, wenn gleichzeitig Lohnzurückhaltung und Sparmaßnahmen im öffentlichen Sektor als Regel durchgesetzt werden. So war es das private Wohneigentum, das der Regierung die Möglichkeit gab, die weitreichendsten Versprechungen einer Demokratisierung des Asset-Besitzes auszugeben, weil Wohnimmobilien der Vermögenswert sind, der in einem großen Segment der Bevölkerung am stärksten verbreitet ist. Dass die Katastrophe der globalen Finanzkrise immer noch nachwirkt, rührt von der Tatsache her, dass diese komplizierter gemacht hat, was als der bequemste Weg zu einer vermögensbasierten Demokratie erschien – der soziale Aufstieg durch privaten Immobilienbesitz. In den letzten Jahren wurde nun deutlich, dass eben dieses Asset seinerseits im großen Maßstab soziale Ungleichheit schafft.

Die Politik zur Demokratisierung von Wohneigentum war anfänglich deshalb von Erfolg gekrönt, weil sie auf dem akkumulierten Erbe der Wohnungspolitik der Nachkriegsjahre aufbauen konnte, bei der es durch direkte öffentliche Investitionen ins soziale Wohnungswesen (in Großbritannien), subventionierte Kredite für Privathaushalte (in den USA) oder eine Kombination aus beiden (Australien) gelungen ist, die Verbreitung von privatem Wohneigentum dauerhaft zu erhöhen, ohne eine Inflation der Immobilienpreise über dem Niveau der Lohnentwicklung zu erzeugen. Diese vormals existierenden Bedingungen machten es in den 1980er und 1990er Jahren relativ leicht für Regierungen, eine neue Kohorte aus Menschen mit Wohneigentum heranzuziehen. Alles, was es brauchte, war, Mieter*innen – und in manchen Fällen Sozialhilfeempfänger*innen – davon zu überzeugen, staatlich subventionierte Kredite anzunehmen (in den USA und Australien) oder ihren Anspruch auf eine Sozialwohnung über ein Vorkaufsrecht in Wohneigentum zu überführen (in Großbritannien), mit gleichzeitig eingeführten Maßnahmen, um Wohnraum in ein Investitionsobjekt zu verwandeln. Während dieser ersten Kohorte aus ehemaligen Angehörigen der Arbeiterklasse zu eigenen vier Wänden verholfen wurden,[60] setzten die steigenden Immobilienpreise dem erstmaligen Eintritt in den Markt eine immer höhere Hürde entgegen, die die versprochene Demokratisierung in zunehmend weite Ferne rücken ließ. Durch inflationär steigende Immobilienpreise und deflationär sinkende Löhne schließen sich die Tore für Nachfolgende, die erbittert darum kämpfen, sich allein mit Erwerbseinkommen ins Wohneigentum einzukaufen. Und inzwischen stoßen hier auch günstige Kredite als Lösung allmählich an ihre Grenzen, wenn immer mehr Menschen im Ruhestand ihre Altersbezüge oder geliehenes Geld von Kindern dazu einsetzen müssen, um ihre Hypotheken zu bedienen.

Es ist also nicht überraschend, dass die Wohneigentumsquoten im letzten Jahrzehnt in sämtlichen hier betrachteten Ländern rückläufig waren, trotz aller staatlichen Bemühungen um eine Demokratisierung.[61] Am deutlichsten sichtbar ist

60 Mit echten Veränderungen der Klassenposition: Der Aufstieg von einem Mietverhältnis oder der Nutzung einer Sozialwohnung zum Wohneigentum hat viele ehemals vom öffentlichen Sektor Abhängige mit Blick auf die Steuerpolitik in halbherzige Konservative verwandelt.

61 Cribb u. a., »The Decline of Home Ownership Among Young Adults«; La Cava u. a., »Housing Accessibility for First

dies unter den jüngeren Generationen, wobei der Trend allerdings auch bei den älteren Kohorten erkennbar ist: Die Reihen der lebenslänglichen Mieter*innen wachsen, und die absoluten Zahlen derer, die im Verlauf ihres Lebens Wohneigentum besaßen, sind gesunken. Angesichts weiterhin stagnierender Arbeitseinkommen haben sich die bestehenden Ungleichheiten verfestigt und verschärft. Wir sind von einer kurzzeitigen Periode relativer Wohlstandsdemokratisierung (bei der einige Sektoren der einstigen Arbeiterklasse einen realen sozialen Aufstieg schafften) in eine Periode des Stillstands eingetreten, in der die soziale Mobilität zum Erliegen kommt und die Brücke vom Mietverhältnis zum Wohneigentum versperrt ist.

Insgesamt sprechen diese Trends bei gleichbleibenden politischen Voraussetzungen dafür, dass der Zugang zu Immobilienvermögen immer mehr vom familiären Wohlstand abhängt. Durchschnittsverdienende, die vor drei oder vier Jahrzehnten in den Immobilienmarkt eintreten konnten, indem sie Eigenkapital ansparten, hängen inzwischen vermehrt vom intergenerationellen Transfer ab, um den ersten Schritt ins Wohneigentum zu schaffen.[62] Dessen vielschichtige Auswirkungen gehen weit über die Frage des Wohnens hinaus, weil Immobilien bei der Finanzierung von allen möglichen

Home Buyers«; US Census Bureau, *Homeownership Rate for the United States*.

62 Barrett u. a., »How Do Intergenerational Transfers Affect Housing and Wealth?«; Barrett u. a., »The Relationship Between Intergenerational Transfers, Housing and Economic Outcomes«; Christophers, »Intergenerational Inequality?«; Flynn/Schwartz, »No Exit«, Ronald/Lennartz, C., »Housing Careers, Intergenerational Support and Family Relations«.

Leistungen, für die einst der Staat aufkam, inzwischen eine zentrale Rolle spielen. Ein Hochschulstudium oder ein vorgeschriebenes unbezahltes Berufspraktikum erfordert inzwischen häufig eine finanzielle oder andere Unterstützung von der Familie, zum Beispiel durch einen Zuschuss bei der Miete, kostenlose Unterbringung im eigenen Haus oder wenn Eltern für die Mietzahlungen erwachsener Kinder bürgen oder für sie sogar einen Studienkredit aufnehmen.[63] Immobilienbesitz schafft nicht nur die Voraussetzung für einen noch größeren Immobilienbesitz und verkleinert so fortschreitend die Gruppe derer, die in diesen Markt eintreten können, er bestimmt zudem immer stärker die Bildungschancen und somit das künftige Einkommenspotenzial sowie den beruflichen Status. Der sprunghafte Anstieg der Immobilienpreise in Großstädten rund um die Welt hat tiefe Gräben der Ungleichheit zwischen Klassen von Menschen aufgerissen, die zwar gleich viel verdienen, sich aber dadurch unterscheiden, dass sie in Eigentum oder zur Miete wohnen. Hätten wir diese Gruppen aufgrund ihrer beruflichen Tätigkeit einst in die gleiche »Schicht« eingeordnet, so stehen sie heute ganz offensichtlich auf unterschiedlichen Stufen der Sozialhierarchie. In einem solchen Umfeld lässt sich Klasse nicht mehr realistisch in Abhängigkeit vom Erwerbseinkommen (Arbeiter-, Mittel- und Oberschicht) oder beruflichen Status (Lohnarbeit, Anstellung auf höherer Ebene, typische Frauenberufe) bestimmen und muss vielmehr mit Blick auf Asset-Besitz neu gedacht werden.

63 Cooper, M., *Family Values;* Oliver u. a., *Unpaid Work Experience in Australia;* Zaloom, *Indebted: How Families Make College Work at Any Cost.*

Neue Klassenrealitäten

Entwicklungslinien der Klassentheorie

Im vorigen Kapitel haben wir hervorgehoben, dass sich zwischen den Versprechungen und den Leistungen des Projektes, den Asset-Besitz zu demokratisieren, eine wachsende Kluft auftut. In diesem Kapitel betrachten wir eingehender, welche Art Logik der Ungleichheit der Aufstieg der Asset-Ökonomie hervorgebracht hat. Während das Phänomen der Immobilienpreisinflation vielfach kommentiert wurde, neigen wir immer noch dazu, uns auf veraltete, auf Arbeit und Beschäftigung beruhende Modelle zu berufen, sobald über Klasse, Ungleichheit und Schichtung systematischer nachgedacht wird. Alle, auch Forschende, die in Großstädten leben, wissen, dass die Logik der Immobilienpreise und die Frage, ob sie im Markt »drinnen« oder »draußen« sind, einen gewaltigen Einfluss auf die eigene wirtschaftliche Situation hat – dass diese Logik grundlegend neu strukturiert hat, wie ein Leben organisiert und gelebt wird. Doch sobald dieselben Personen über Fragen von Schicht und Ungleichheit nachdenken, kommt ihnen unweigerlich das um Beschäftigung zentrierte Modell in den Sinn, das von diesem Aspekt abstrahiert. Dieses Kapitel analysiert die sich wandelnde Logik der sozialen Stratifizierung. Wir fragen, wie wir die Verteilungseffekte der dualen Logik aus Wertzuwachs von Assets und Wertverfall von Arbeitseinkommen im Einzelnen darstellen sollen.

Die Bedeutung von Asset-Besitz für ein Verständnis der Klasse ist vor allem vor dem Hintergrund zu sehen, dass Klasse konventionell vor allem in Bezug auf Beruf und Beschäftigung konzipiert wurde. Diese Grundidee wurde seit den 1970er Jahren detailliert entwickelt, mit Zugängen, die sowohl als marxistisch als auch als weberianisch – beides im weitesten Sinn – gelten können.

Marxist*innen und Neomarxist*innen entwickelten ausgeklügelte Klassen-Schemen, bei deren Ausarbeitung sie sich auf die antagonistischen Beziehungen zwischen den Besitzenden und Arbeitgebenden auf der einen und den Lohn- und Gehaltsabhängigen auf der anderen Seite fokussierten. In den Blick nahmen sie dabei auch die zwiespältige Stellung der selbstständigen Arbeit sowie des Verwaltungs- und Führungsbereichs, die in der Zeit nach dem Zweiten Weltkrieg expandierten. Im Einklang damit schlug beispielsweise Erik Olin Wright ein Klassenmodell vor, dass sechs[1] und in der nachfolgend revidierten Version zwölf[2] Kategorien umfasste. In seinem zwölfgliedrigen Schema verliefen die Klassenpositionen von der Bourgeoisie an dem einen bis zum Proletariat an dem anderen Ende, mit zehn dazwischenliegenden Positionen. Diese intermediären Klassen verstand Wright so, dass sie in einem komplexen Beziehungsgeflecht zueinander standen, in einem Kontext, in dem sich die Büroarbeit ausweitete, bestehend aus halbqualifizierten Arbeiter*innen, unqualifizierten

1 Wright, *Class, Crisis and the State;* ders., *Class Structure and Income Determination.*

2 Wright, *Classes;* ders., *Class Counts;* ders., »A General Framework for the Analysis of Class Structure«.

Vorgesetzten, fachkundigen Manager*innen und Kleinarbeitgeber*innen. Trotz dieser Komplexität beruhten die Positionen in Wrights Schema im Kern auf den Besitzverhältnissen bei den Produktionsmitteln und insbesondere auf den Fähigkeiten von Klassen, in Beziehung zueinander aus Arbeit Mehrwert zu extrahieren.

Während sich marxistische und neomarxistische Klassenmodelle auf den Gegensatz zwischen Arbeitgebenden und Arbeitnehmenden oder zwischen Kapital und Arbeit konzentrierten, entwickelten in der Nachkriegszeit John Goldthorpe mit Kolleg*innen am Nuffield College in Oxford ein funktionales Modell, das mit Sicherheit den größten Einfluss ausübte. Dieses Schema – zuweilen als das Nuffield-Klassenschema bezeichnet – wendet sich dagegen, die Dynamik zwischen Produktionsmittelbesitz und Beschäftigung wie in Wrights Klassifikation besonders stark zu gewichten, und betont stattdessen die Differenzierung von Arbeit in modernen Industriegesellschaften.[3] Diese wird im Zusammenhang mit der zunehmenden Bedeutung von administrativen und leitenden Tätigkeiten gesehen, die sich daraus ergibt, dass körperschaftliche und bürokratische Organisationen in solchen Gesellschaften im Aufwind sind. Für Goldthorpe und Kolleg*innen bringen solche Prozesse – einschließlich der Überführung von Eigentum in körperschaftliche Formen sowie der Bürokratisierung der Arbeiterschaft und der Organisationen – eine Klassenstruktur hervor, in der Arbeitsbeziehungen, also Beschäftigungspositionen, die soziale Stellung der Akteur*innen bestimmen.

3 Goldthorpe u. a., »The Promising Future of Class Analysis«.

Wegen seines Funktionalismus, seines streng wissenschaftlichen Anspruchs und seiner guten Handhabbarkeit dadurch, dass es Positionen in Beruf und Beschäftigung misst,[4] war das Nuffield-Klassenschema das einflussreichste und erfolgreichste Modell.[5] Bemerkenswert ist, dass die britische Regierung im Jahr 2000 es in Form der National Statistics Socio-Economic Classification (NS-SEC) zur offiziellen Messmethode für die soziale Schichtung der Bevölkerung erklärte. Auch wurde kürzlich – mit der European Socio-Economic Classification (ESeC) – eine europaweite Klassifikation eingeführt, die auf dem Nuffield-Schema basiert.[6] Einer der wichtigsten Vorzüge dieses Schemas besteht naheliegenderweise darin, dass sich mit ihm dank seiner Operationalisierbarkeit quer durch verschiedene nationale Hoheitsgebiete vergleichbare Datensätze erstellen lassen. Entsprechende Vergleiche waren mit den vormals vorherrschend genutzten nationalspezifischen Messschemata für die soziale Schichtung bislang nicht möglich.

Goldthorpe und Kolleg*innen legten in ihren Schriften besonderen Wert darauf, den Unterschied zwischen ihrem Nuffield-Schema und den marxistischen und postmarxistischen Pendants aufzuzeigen.[7] Gleichwohl sahen sie die jeweiligen sozialen Positionen so an, dass sie durch die Arbeitsbeziehung

4 Siehe Savage, »The Fall and Rise of Class Analysis in British Sociology«.

5 Siehe Crompton, R., *Class and Stratification;* Savage u. a., »A New Model of Social Class?«.

6 Rose/Harrison, *Social Class in Europe.*

7 Siehe zum Beispiel Goldthorpe/Marshall, »The Promising Future of Class Analysis«.

und die jeweilige berufliche Stellung konstituiert würden. Die konkurrierenden Schemata beruhten also entscheidend auf der Sichtweise, wonach Arbeit, Anstellung und das Arbeitsverhältnis als die Schlüsselfaktoren die Klassenpositionen bestimmten. Tatsächlich ist dies nach wie vor sozialwissenschaftliche Orthodoxie.[8]

Das heißt nicht, dass die auf Beschäftigung beruhende Sichtweise unangefochten blieb. Eine der bedeutendsten Entwicklungen in der Klassentheorie, die sich gegen beschäftigungsbasierte Klassenschemata richtete, war die – unter Einfluss von Bourdieus Werk stehende – Erweiterung des Begriffs »Kapital« in der sozialwissenschaftlichen Theorie. Diese Richtung betont die Rolle verschiedener (wirtschaftlicher, kultureller und sozialer) Formen von Kapital bei der Konstituierung von Klasse. Ursprünglich in innovativen quantitativen Studien verankert,[9] brachte diese Forschung basierend auf nationalen Erhebungen mit Analysen allmählich umfangreichere Untersuchungen dazu hervor, wie Bestände an verschiedenartigem Kapital so zusammenspielen, dass sich Klassenpositionen ergeben.[10] Das von Mike Savage und Kolleg*innen konzipierte Projekt »Cultural Capital and Social Exclusion« in Großbritannien erkundete zum Beispiel die sozialen, kulturellen und wirtschaftlichen Dimensionen von Klasse und bezog

8 Siehe zum Beispiel Connelly u. a., »A Review of Occupation-based Social Classifications for Social Survey Research«; Lambert/Bihagen, »Using Occupationbased Social Classifications«; McGovern u. a., *Market, Class and Employment*,

9 Siehe zum Beispiel Reay, *Class Work;* Skeggs, *Formations of Class and Gender.*

10 Bennett u. a., *Accounting for Taste;* Lamont, *Money, Morals and Manners.*

dabei eine nationale Stichprobenerhebung ein.[11] Das Ergebnis lautete, dass in der Struktur des kulturellen Geschmacks zwar klare Trennlinien zwischen Klassen existierten, dass die entscheidenden Grenzen dabei aber »nicht dieselben waren wie die im Nuffield-Klassenschema identifizierten«.[12] Wie Savage es formuliert, ebneten diese Ergebnisse »den Weg für bourdieusche Sichtweisen, um sich mit Goldthorpes Klassenmodell unmittelbarer auseinanderzusetzen«.[13] So gaben sie zum Beispiel den Anstoß zur Entwicklung der hochprofilierten Great British Class Survey (GBCS), die ein neues Modell für die soziale Schichtung des gegenwärtigen Großbritannien präsentierte[14] und anschließend in Australien repliziert wurde.[15] Diese Erhebung führte ein (von der Elite zum Prekariat absteigendes) Schema mit sieben Kategorien ein, in dem Klassenpositionen nicht nur auf Beschäftigung, sondern auf dem breiter gefassten wirtschaftlichen Kapital (einschließlich Haushaltseinkommen, Sparguthaben des Haushalts und des Werts von Wohneigentum) sowie auf kulturellem und sozialem Kapital beruhten. Die wichtigsten Ergebnisse lauteten, dass sich die britische Sozialstruktur so stark verändert habe, dass die konventionelle Festlegung auf die Grenze zwischen der Mittel- und der Arbeiterschicht in der Klassenanalyse »durch einen

11 Bennett u. a., *Culture, Class, Distinction*.

12 Savage, »The Fall and Rise of Class Analysis in British Sociology«, S. 68.

13 Ebenda.

14 Savage u. a., »A New Model of Social Class?«; Savage u. a., *Social Class in the 21st Century*.

15 Sheppard/Biddle, »Class, Capital and Identity in Australian Society«.

stärkeren Fokus auf die Elite oben in der Sozialstruktur, das Prekariat unten und ein komplexeres Spektrum von Klassen in den mittleren Reihen ersetzt werden müsste«.[16]

Auch wenn sicher zu begrüßen ist, dass hier die Rolle des Kapitals unter Einbeziehung von Assets erweitert gesehen wird, erweckt die GBCS doch den Eindruck, dass dies noch unzulänglich ist und zu spät kommt. Der Erhebung gelingt es nicht, die Bedeutung von Asset-Besitz bei der Ausgestaltung der Klassenpositionen ausreichend zu berücksichtigen: Zum einen stützt sie sich nach wie vor auf die Annahme, dass der Klassenstatus in letzter Instanz durch die Beschäftigungsposition bestimmt wird, und zum anderen befasst sie sich mit der Rolle symbolischer und kultureller Formen von Kapital, wodurch das wirtschaftliche und finanzielle Kapital vernachlässigt wird. Obwohl die GBCS neben Erwerbseinkommen auch den Wert von Immobilienbesitz und das Gesamteinkommen des Haushalts berücksichtigt, fehlt somit eine Unterscheidung zwischen den verschiedenartigen Quellen von Einkommen (Arbeitseinkommen versus Einkommen durch Assets wie Mieten, Dividenden, Zins- und andere Kapitalerträge). Und dabei fungiert der Vermögensbesitz nicht als Kernvariable in der abschließenden Liste der Klassenkategorien. Im Effekt verschleiert dies die wachsende anteilige Bedeutung von Asset-Besitz dabei, Klassenpositionen auszugestalten und die jeweilige Einkommensquelle zu bestimmen.

Durch Autor*innen aus der heterodoxen politischen Ökonomie wurde die zentrale Stellung, die der Beschäftigung bei

16 Savage, »The Fall and Rise of Class Analysis in British Sociology«.

der Festlegung der Klasse beigemessen wird, noch viel stärker infrage gestellt. Diese konzentrierten sich auf das aufkommende Phänomen, dass Verschuldung zu einer Notwendigkeit und zur Regel wird, um Zugang zu Wohnraum, Gesundheitsfürsorge und Bildung zu bekommen.[17] Solche Analysen stützen sich weniger unmittelbar – und dadurch weniger einschränkend – auf die spezifischen konzeptionellen Parameter aus den Debatten um die soziale Schichtung, sondern konzentrieren sich eher darauf, wie sich die Verschiebung der wirtschaftlichen Gewichte umfassender auf die soziale Ungleichheit auswirkt. Die zugrunde liegende Argumentation lautet, dass die Notwendigkeit für einen wachsenden Teil der Bevölkerung, auf Darlehen zurückzugreifen, die Macht kreditgebender Instanzen erhöht, und dass das asymmetrische Kreditor-Debitor-Verhältnis zu einer konstitutiven und generalisierten Sozialbeziehung geworden ist, die als eine der Klassen erlebt und strukturiert wird. Dem Verständnis nach wird hier erkennbar, wie die Notwendigkeit, Schulden aufzunehmen, unmittelbar denen mit Guthaben nützt, nicht zuletzt wegen der erweiterten Möglichkeiten, Profite in Form von Zinszahlungen aus Krediten, Hypotheken und anderen Formen des Geldverleihs zu extrahieren.

Obwohl solche Analysen in kultureller Hinsicht definitiv aussagekräftig sind, liegt ihnen nichtsdestotrotz eine Verwechslung zwischen Asset-Ökonomie und Kredit-Schulden-Ökonomie zugrunde. In ihrem Bemühen hervorzuheben, dass

17 Siehe zum Beispiel Graeber, *Schulden;* Lazzarato, M., *The Making of the Indebted Man;* ders., *Governing by Debt;* Soederberg, *Debtfare States and the Poverty Industry.*

die Aufnahme von Schulden zu einer Erfordernis des Alltagslebens geworden ist, berücksichtigen sie die zentrale Rolle der Kreditabsicherung zumeist nicht in ausreichendem Maß: Die Kreditaufnahme ist sehr häufig eine notwendige Vorbedingung für Asset-Besitz. Den größten Posten bei der Verschuldung der Haushalte stellen zum Beispiel Hypothekendarlehen, die zum Erwerb von Wohneigentum aufgenommen werden mussten, um in dieses dann als Kapitalanlage investieren zu können. Wegen ihrer mangelnden Aufmerksamkeit für diese Dimension tun sich diese Analysen zudem schwer damit, die Dynamik der anhaltenden und institutionell organisierten Vermögenspreisinflation systematisch in den Blick zu nehmen. Das Ergebnis ist ein übertrieben geordnetes und dichotomes Klassenmodell ohne die Fähigkeit, die stratifizierenden Effekte von Asset-Besitz konzeptionell zu erfassen.

Standing[18] kam der Sichtweise näher, die die Rolle von Vermögenswerten bei der Ausgestaltung der Klassenpositionen erfasst, mit dem Hinweis auf eine wachsende Differenzierung zwischen einer Klasse des Prekariats, die sich mit sporadischen und kurzfristigen Arbeitsverträgen über Wasser hält, und einer Rentiersklasse, die von Einkommensströmen aus Finanz-Assets lebt. Aber seine Taxonomie bleibt zu dichotom und berücksichtigt nicht, dass inzwischen erhebliche Teile der Bevölkerung in die Asset-Ökonomie eingebunden sind und dass es *innerhalb* der Bevölkerung der Asset-Holders bedeutende Klassenunterschiede gibt. Mit anderen Worten: Insofern die bestehenden Klassenmodelle angefochten wurden,

18 Standing, *Prekariat.*

fungiert Standings Einteilung als deren Ergänzung, wobei sie den Akzent auf den wachsenden rentenökonomischen Wohlstand legt, der sich auf die alleroberstem Stufen der Gesellschaft konzentriert.[19]

Selbst in einer neueren Arbeit, in der Standing[20] seine Klassenanalyse komplexer ausgestaltet hat, kommt diese ergänzende Funktion weiterhin zum Vorschein. Auch hier bleibt er der Grundanschauung verpflichtet, wonach nur die allerobersten Schichten in der Klassenhierarchie das meiste Einkommen aus Kapitalerträgen und Mieten anstatt aus Arbeit erzielten – bestehend aus Schichten, die er als »Plutokratie«, »Elite«, »Gehaltsempfänger*innen« und *proficians* (freiberufliche Akademiker*innen) bezeichnet. Diese Gruppe aus Rentiers, die hauptsächlich von Einkommensströmen aus Finanz-Assets leben, stehen in einer Reihe über drei Klassen, die »keinerlei Renditen« beziehen«:[21] ein schrumpfendes Proletariat, ein sich ausweitendes Prekariat sowie ein aufgegebenes wachsendes »Lumpenprekariat«, das sich mühselig durchs Leben schlägt. Trotz seines klaren Bestrebens, die Ausgestaltung der Klassenposition nuancenreicher zu erfassen, folgt Standing weiterhin der Vorstellung, wonach den »vormaligen Klassenstrukturen« verschiedene Arten von Rentier-Klassen »übergestülpt« worden seien.[22] Der sich ausweitende rentenökonomische Wohlstand betreffe nur die oberste Spitze der Gesell-

19 Atkinson u. a., »Elite Formation, Power and Space in Contemporary London«.
20 Standing, *The Corruption of Capitalism*.
21 Ebenda, S. 28.
22 Ebenda, S. 27.

schaft. Hier zeigt sein Ergebnis trotz radikalerer Obertöne strukturelle Ähnlichkeiten mit Pikettys Analyse.

Wie erörtert, führten Pikettys Erkenntnisse über die wohlstandsbasierten Ungleichheiten zu einer Beschäftigung mit dem Phänomen der Superreichen, insbesondere mit der wachsenden Wohlstandskluft zwischen dem reichsten 1 Prozent und den übrigen 99 Prozent der Bevölkerungen und den Lebenswelten der besonders Vermögenden.[23] In der Soziologie wurden Forderungen laut, die Superreichen und vor allem die Frage in den Fokus zu rücken, wie sich diese Gruppe als soziale und kulturelle Klasse herausbilden könnte.[24] Wie Savage[25] es fasste, »ist [der] grundlegende Punkt, zu dem Pikettys Klassenanalyse führt [...], die Notwendigkeit, sich auf die besonders Vermögenden und darauf zu konzentrieren, inwieweit sich diese Gruppe tatsächlich als eine Klasse herauskristallisieren könnte«. Auch wenn es sicherlich zutrifft, dass sich die Kapitalgewinne stärker auf die obersten Perzentile der Wohlstands- und Einkommensverteilung konzentrieren, geht ein Fokus allein auf die Reichsten an der Tatsache vorbei, dass weite Teile der Bevölkerung in die Asset-Ökonomie ein-

23 Siehe zum Beispiel Baldwin u. a. »Luxified Troglodytism?«; Dorling, *Inequality and the 1%;* Forrest u. a., *Cities and the Super-Rich;* Glucksberg/Burrows, »Family Offices and the Contemporary Infrastructures of Dynastic Wealth«; Harrington, *Capital Without Borders;* Sherman, *Uneasy Street.*

24 Atkinson u. a., »Elite Formation, Power and Space in Contemporary London«; Burrows/Knowles, »The ›Haves‹ and the ›Have Yachts‹«; Burrows u. a., »Welcome to ›Pikettyville‹?«; Cunningham/Savage, »An Intensifying and Elite City«; Savage, »Piketty's Challenge for Sociology«.

25 Savage, »Piketty's Challenge«, S. 603.

gebunden sind, dass die Vermögenspreisinflation ein seit Langem vorangetriebenes politisches Projekt ist und dass es auch innerhalb der Bevölkerung der Asset-Holders Klassenunterschiede gibt. Mit anderen Worten: Ein exklusiver Fokus auf die Superreichen verschleiert, wie tiefgreifend die Asset-Ökonomie mit ihren Effekten an der Umgestaltung der Sozialstruktur beteiligt war. Und sein Ansatz lässt dabei (implizit oder explizit) ein schlichteres strukturelles Klassenmodell unangetastet, das immer noch auf Beruf und Beschäftigung beruht.

Klasse und Generation

Um diese Umgestaltung zu erfassen, schlagen wir ein Klassenschema vor, das den marxistischen und werberianischen Schemata entspricht, aber Asset-Besitz als den entscheidenden Verteiler und Treiber der Lebenschancen identifiziert. In Abbildung 1 stellen wir ein solches Schema dar. Entwickelt wurde es mit besonderem Bezug zum australischen Kontext, von dem es einige institutionelle Besonderheiten widerspiegelt.[26] Angesichts der gemeinsamen Entwicklungswege quer durch die anglokapitalistischen Gesellschaften hat es jedoch bis weit über die Spezifika des Falls Australien hinaus Bedeutung und kann als Idealtypus gelten. Es unterscheidet fünf Klassen, die durch ihre Beziehungen zu Asset-Besitz und insbesondere zu Wohneigentum definiert sind: von Investoren, die von Einkommen aus diversifizierten Anlageportfolios leben, bis hin zu Klassen ohne Vermögenswerte (Mieter*innen

26 Detailliert ausgeführt in Adkins u. a., »Class in the 21st Century«.

Neue Klassenrealitäten

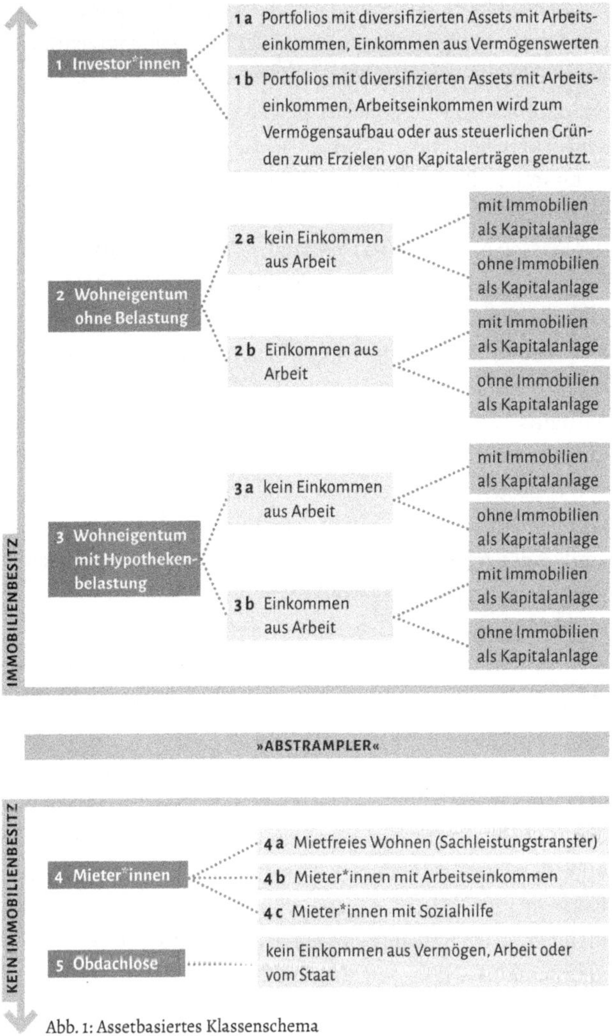

IMMOBILIENBESITZ
1 Investor*innen
1 a Portfolios mit diversifizierten Assets mit Arbeitseinkommen, Einkommen aus Vermögenswerten
1 b Portfolios mit diversifizierten Assets mit Arbeitseinkommen, Arbeitseinkommen wird zum Vermögensaufbau oder aus steuerlichen Gründen zum Erzielen von Kapitalerträgen genutzt.
2 Wohneigentum ohne Belastung
2 a kein Einkommen aus Arbeit
mit Immobilien als Kapitalanlage
ohne Immobilien als Kapitalanlage
2 b Einkommen aus Arbeit
mit Immobilien als Kapitalanlage
ohne Immobilien als Kapitalanlage
3 Wohneigentum mit Hypothekenbelastung
3 a kein Einkommen aus Arbeit
mit Immobilien als Kapitalanlage
ohne Immobilien als Kapitalanlage
3 b Einkommen aus Arbeit
mit Immobilien als Kapitalanlage
ohne Immobilien als Kapitalanlage
»ABSTRAMPLER«
KEIN IMMOBILIENBESITZ
4 Mieter*innen
4 a Mietfreies Wohnen (Sachleistungstransfer)
4 b Mieter*innen mit Arbeitseinkommen
4 c Mieter*innen mit Sozialhilfe
5 Obdachlose
kein Einkommen aus Vermögen, Arbeit oder vom Staat

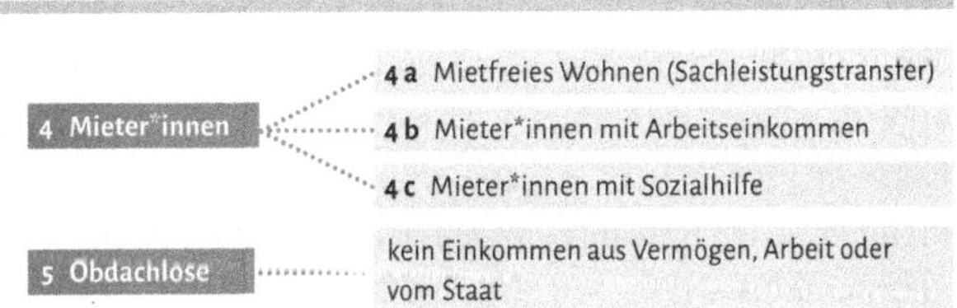

Abb. 1: Assetbasiertes Klassenschema
Quelle: Adkins u. a., »Class in the 21st Century«, S. 18

und Obdachlose). Das Schema erfasst somit die stratifizierenden Effekte des Asset-Besitzes und der Immobilienpreisinflation. Während es verschiedene Klassen festlegt (also skizziert, wie unterschiedliche Verhältnisse beim Asset-Besitz die Klassenposition bestimmen), berücksichtigt es zugleich, dass diese Klassen in Beziehung zueinander bestehen: Positionen im vermögensbasierten Klassenschema betreffen die Fähigkeiten der Klassen im Verhältnis zueinander, Assets zu besitzen und von dem Besitz zu profitieren. Die Mieten von Menschen, die auf ein Arbeitseinkommen angewiesen sind, fließen zum Beispiel häufig in Hypothekendarlehnsrückzahlungen investierender Vermieter*innen, die dadurch ihren Vermögensbesitz und ihre Kapitalgewinne vergrößern können. Dies ist allerdings kein Nullsummenspiel, in dem die Gewinne einiger auf den Verlusten anderer beruhen: Assetbasierte Klassenpositionen wurden über den makroökonomischen dualen Prozess aus Vermögenspreisinflation und Lohnzurückhaltung institutionell konstituiert und verteilt.

Indem unser Schema verschiedene Verhältnisse beim Vermögensbesitz in den Vordergrund stellt, macht es die umfassende Bedeutung der Asset-Ökonomie für die Umgestaltung der Sozialstruktur deutlich. Darin setzt es sich von den simplifizierenden Modellen einer zweigliedrigen Klassenstruktur (d.h. von Rentiers und Mieter*innen oder von Kreditgebenden und Kreditnehmenden) ab und unterteilt in eine obere, untere und mittlere Reihe von Klassen, die durch komplexe Verhältnisse mit Blick auf Asset-Besitz (darunter belasteter Immobilienbesitz und Immobilien als Investitionsobjekt) definiert sind. Es erfasst, wie die Bevölkerung als Ganzes (Personen mit Vermögensbesitz ohne Schulden, mit Schulden sowie Vermögensbesitz und ohne Vermögensbesitz gleichermaßen) in die Asset-Ökonomie eingebunden ist und zeigt auf, wie die Stellungen in der Hierarchie des Vermögensbesitzes die soziale Position stärker bestimmen als die Verhältnisse beim Arbeitseinkommen.

Nochmals: Wir behaupten nicht, Einkommen aus Arbeit seien unwichtig geworden: Das sind sie natürlich nicht. Tatsächlich kann das Erwerbseinkommen für Menschen ohne Assets als eine – allerdings immer prekärer werdende – Lebensgrundlage dienen. Der Punkt ist vielmehr, dass ein Einkommen aus Beschäftigung an sich immer seltener ein Tor zu einem Lebensstil der Mittelschicht darstellt und zunehmend als wichtige Determinante für die Fähigkeit fungiert, an der Logik der Asset-Ökonomie teilzuhaben. Mit anderen Worten: Unser vermögensbasiertes Klassenschema umreißt eine Logik, in der andere Quellen für Ungleichheit in zunehmendem Maß ins Gewicht fallen. Dies bedeutet auch, dass es nicht darum geht, einfach nur das »Zusammenspiel« zwischen verschiedenen Formen von Ungleichheit nachzuzeichnen. Dies ist nicht unbedingt eine »falsche«, sondern eine irreführende Darstellungsweise: Unsere Behauptung lautet, dass andere Quellen von Ungleichheit zunehmend in der Logik der Asset-Ökonomie aufgehen und durch sie neutralisiert werden.

Mit einem ähnlichen Ansatz müssen wir die generationelle Dimension behandeln. Obwohl wir argumentierten, dass die generationelle Dimension bei der Konstruktion von Klasse inzwischen eine immer wichtigere Rolle spielt, ist sie in diesem Schema nicht sichtbar. Dies deshalb, weil sie nicht unabhängig auf den Plan tritt – ihre wachsende Bedeutung ist eine Funktion des Aufstiegs der Asset-Ökonomie. Unsere Position unterscheidet sich von der häufigen Darstellung des Themas in der öffentlichen Debatte. In den letzten Jahren ist eine Flut von akademischen, politik- und populärwissenschaftlichen Veröffentlichungen erschienen, in denen argumentiert wurde, der Ausschluss aus Vermögensbesitz erfolge entlang der Trennlinien zwischen den Generationen.[27] Laut dieser Darstellung seien die Millennials (die zwischen 1981 und 2000 Geborenen) angesichts stetig steigender Immobilienpreise, stagnierender Löhne und ungewisser Beschäftigungsverhältnisse von der Hauptquelle des vermögensbasierten Wohlstands – dem Wohneigentum – und damit vom Nutzen der Vermögenspreissteigerung abgeschnitten worden. Ihrer Misere werden dann die Glücksfälle der Babyboomer-Generation (der zwischen 1946 und 1964 Geborenen) gegenübergestellt, die von stabilen Einkommensströmen aus Arbeit und deutlich niedrigeren Immobilienpreisen profitierten. Sie gelten somit als die Hauptnutznießenden der Vermögenspreissteigerung.[28]

Die generationelle Perspektive ist sicherlich keine implausible Darstellungsweise der Verhältnisse. So profitierten in Australien beispielsweise seit Anfang der 2000er Jahre vor allem die Älteren (die 55- bis 65- und insbesondere die über 65-Jährigen) vom Vermögenszuwachs der Haushalte, während

27 Siehe zum Beispiel Resolution Foundation, *A New Generational Contract;* Shaw, *Generation Priced Out;* Sternberg, *The Theft of a Decade;* Willetts, *The Pinch;* Wood/Griffiths, *Generation Gap.*

28 Exley, *The End of Aspiration;* Gardiner, *Stagnation Generation;* Reeves, *Dream Hoarders;* Willetts, *The Pinch.*

die Jüngeren (die 25- bis 34-Jährigen) einen schwindenden Wohlstand zu verzeichnen hatten.[29] In Großbritannien verfügen die Haushalte der Älteren heute über einen größeren Wohlstand als die Haushalte Gleichaltriger vor einem Jahrzehnt,[30] und »zum ersten Mal in der britischen Geschichte haben die Einkommen von Personen im Rentenalter abzüglich Wohnkosten zu denen von Familien im Erwerbsalter aufgeschlossen«.[31] Millennials verdienen weniger als einst gleichaltrige Personen der dazwischenliegenden Generation X (die zwischen 1965 und 1980 Geborenen) in derselben Lebensphase, und diese Veränderung vollzog sich in einem institutionellen Kontext, in dem betriebliche Altersvorsorgen gezielt abgebaut wurden, die Bestände an Sozialwohnungen drastisch schwanden und sich Investitionen ins Humankapital (insbesondere in Bildung) nur noch vermindert auszahlen. Selbst Millennials auf Arbeitsplätzen, die früher einen sicheren Zugang zu Wohneigentum ermöglicht hätten, sind vor dem Hintergrund ständig steigender Immobilienpreise und stagnierender Arbeitseinkommen in der Regel außerstande, sich mit Eigenkapital aus Arbeitseinkommen Zugang zu Krediten zu verschaffen, um in den Immobilienmarkt einzutreten. Angesichts steigender Mieten bleibt manchen, insbesondere in Großstädten, sogar der Mietmarkt verschlossen.[32] Infolge-

29 Daley/Wood, *The Wealth of Generations.*
30 Hood/Joyce, *Inheritances and Inequality.*
31 Willetts, *The Pinch.*
32 Siehe zum Beispiel Parkinson u. a. *Young Australians and the Housing Aspirations Gap,*

dessen lebt ein immer höherer Anteil an jüngeren Erwachsenen noch bei den Eltern.[33]

Für bare Münze genommen, stützt dies in bedeutendem Maß die Vorstellung, wonach die Asset-Ökonomie eine Kluft zwischen den verschiedenen Generationen aufgerissen habe. Auch steht die generationelle Deutung im Einklang mit den von kultur- und literaturwissenschaftlichen Forschungen ausgehenden Versuchen, einen bestimmenden Zeitgeist des 21. Jahrhunderts kennzeichnend zu umreißen. Mit solchen Diagnosen zur kulturellen Befindlichkeit wurde das Ende oder die »Auslöschung der Zukunft«[34] angekündigt, mit der Argumentation, die gegenwärtige kapitalistische Vorstellungskraft werde nicht mehr von soliden Hoffnungen auf eine bessere Zukunft getragen. Derlei Einschätzungen leisten der Idee Vorschub, dass der gegenwärtigen Generation von den vorangegangenen die Zukunft geraubt und der Generationenvertrag gebrochen worden sei. Diese Verbindungslinie wird in den Diskussionen um Studienkredite (insbesondere im US-Kontext) häufig und besonders schlagkräftig gezogen, in denen oft betont wird, dass die studentische Verschuldung, kombiniert mit einer Prekarisierung von Beschäftigung, eine moderne Form der Lohnknechtschaft schaffe, die der neoliberalen Konzeption des Humankapitals Hohn spreche. Aus dieser Sicht müssten Millennials somit nicht nur darum kämpfen, einen Einstieg in die Vermögensbildung zu finden, sondern führten auch ein Leben in Fesseln aus Fehlinvestitionen und

33 Clapham u. a. »The Housing Pathways of Young People in the UK«; Flynn/Schwartz, »No Exit«.

34 Fisher, *Gespenster meines Lebens.*

erdrückenden Schulden aus der Vergangenheit.[35] Mit Blick auf die USA bezeichnete Sternberg[36] das Phänomen der unrentablen Investition in Bildung als »Humankapitalstrafe«.

All dies macht auch verständlich, warum die Generationenanalyse, ein lange diskreditierter Zweig der Soziologie, ihre Rückkehr in die angesehene Sozialwissenschaft feiert. Wo diese Forschungen erfolgreich waren, verdanken sie dies freilich der Tatsache, dass sie »Generation« und andere soziale Kategorien nicht voneinander isoliert, sondern so ähnlich betrachteten, wie die Rolle der Generation in der Soziologie zu Anfang des 20. Jahrhunderts mit Mannheim[37] aufgefasst worden war.[38] Babyboomer*innen zu Sündenböcken zu stempeln, erfüllt faktisch die einflussreiche ideologische Funktion, von Problemen der Klasse abzulenken. Und so ist denn auch die Sorge, wir könnten auf Kosten künftiger Generationen leben, zu einer der bedeutendsten Erklärungen für die Austeritätspolitik geworden. Was für eine sachliche Interpretation der Generationenfrage fehlt, ist die Logik der intergenerationellen Dynamik. Die heutigen Generationen unterscheiden sich weniger durch ihren absoluten Wohlstandsbesitz voneinander (bei gleich verlaufender Vermögenspreisinflation werden Millennials immerhin dereinst *mehr* absoluten Wohlstand besitzen als heute die Babyboomer-Generation) als vielmehr durch Unterschiede in der *Art des Zugangs* zu Wohlstand: Wäh-

35 Watlington, »Who Owns Tomorrow?«.

36 Sternberg, *The Theft of a Decade*, S. 75.

37 Mannheim, »The Problem of Generations«.

38 Z. B. Cooper, *Family Values*; McClanahan, »Life Expectancies«; Woodman/Wyn, *Youth and Generation*.

rend sich die Babyboomer-Generation einst noch in einer besseren Position befand, Wohneigentum allein durch Arbeitseinkommen zu erwerben, ist dies jüngeren Generationen eher verwehrt. Sie sind zunehmend auf die Fähigkeit und Bereitschaft von Eltern angewiesen, ihnen Geld für Eigenkapital zu leihen oder zu schenken, um in den Immobilienmarkt einzutreten.[39] Das Millennials-Phänomen ist nicht nur deshalb so bedeutend, weil diese Generation durch eine natürliche Solidarität mit anderen Generationen gekennzeichnet sein wird, sondern weil eben in ihr die von der Asset-Ökonomie geschaffenen Bruchlinien am deutlichsten sichtbar werden.

Die Generationenfrage ist deswegen als Teil eines umfassenderen Problems zu sehen, das sich um die zeitliche Strukturierung der Asset-Ökonomie und die Art dreht, wie sich die vermögensbasierte Entstehung von Klasse in sich verändernden Lebensabläufen niederschlägt. Unter dem Einfluss C. Wright Mills, der an der Schnittstelle zwischen Geschichte und Biografie arbeitete,[40] wandten sich Forschende der Soziologie und anderer Sozialwissenschaften häufig dem Konzept des Lebensverlaufs zu, wenn sie analysierten, wie der sozioökonomische Kontext die Ordnung und Ausgestaltung des Lebens von Menschen beeinflusst. Diese Idee eines spezifischen Lebensverlaufs hat vor dem Hintergrund des Übergangs zur Asset-Ökonomie eine neue und gesteigerte Bedeutung erfahren. So wie die Idee, dass es einen besonderen keynesianischen Lebensverlauf gibt, der für die oben erörterten Arten der Klassen-

39 Atkinson u. a. »Elite Formation, Power and Space in Contemporary London«.

40 Wright Mills, *Soziologische Phantasie*.

analyse von zentraler Bedeutung war, so befassten sich diese auch selbstverständlich mit den jeweils prägenden Phasen des Lebensverlauf wie Ausbildung, Eintritt ins Berufsleben, Ansparen, Erwerb von Wohneigentum, Gründung von Familie, Reproduktion und Renteneintritt. Entscheidend für dieses Verständnis war die historisch bedingte Annahme, dass Lohnarbeit nicht nur ein Mittel zur Sicherung des Lebensunterhalts, sondern auch ein Ticket zur vollen sozioökonomischen Bürgerschaft und zum Status der Mittelschicht sowie ein Weg war, um einen solchen Status an die nächste Generation weiterzugeben.

Vermögensorientierte Lebenszeiten

Mit der Asset-Ökonomie hält eine neue politische Ökonomie des Lebens Einzug, geordnet durch eine ausgeprägte temporale Logik, die wir als die Wende vom keynesianischen zum minskyianischen Haushalt bezeichnet haben. Menschen führen, managen und planen zunehmend ein sich an Vermögenswerten orientierendes Leben, geordnet von der spekulativen Logik der Wertsteigerung von Assets. Um in der Asset-Ökonomie zu bestehen und insbesondere um den Werterhalt von Vermögensgegenständen zu sichern, die langfristige Erträge abwerfen können, braucht es ein aktives Management der privaten Bilanz. Assets sind keine statischen Formen von Eigentum mit stabilem vorhersehbarem Wert, vielmehr unterstehen sie oftmals volatilen Marktbewertungen. Zudem werden Assets üblicherweise durch Kredite finanziert, die konstant bedient werden müssen. Dies setzt ein stetiges Verwalten von Einkommensströmen (auch aus Arbeit) voraus, um für genügend Liquidität für die einhergehenden Verpflichtungen sorgen zu können. Die zeitlichen Abstände, die zwischen Vermögensaufbau, Asset-Wertsteigerung und dem Generieren künftiger Einkommensströme liegen, sind höchst folgenreich. Einen Vermögenswert zu finanzieren und zu halten ist eine spekulative Angelegenheit, die Liquidität im minskyianischen Haushalt zu einer Art Lebenselixier macht, anders als im keynesianischen Haushalt.[41] Liquidität ist wie der Sauerstoff im Leben: Schon ein kurzzeitiger Mangel kann weitreichende Folgen haben. Sie entscheidet über den Unterschied zwischen spekulativem Auftrieb und todesähnlicher Stagnation.

Das Konzept des Lebensverlaufs knüpft sich an die Vorstellung einer geordneten Abfolge von unumkehrbaren Lebensphasen, die sich an der Organisation des Lebens in der Nachkriegszeit orientiert. Aber durch die Wartezeiten, Verzögerungen, Unterbrechungen und Brüche, die die vermögensorientierten Lebensverläufe kennzeichnen, stellen sich diese in den Erfahrungen nicht mehr als eine Abfolge von chronologisch geordneten Ereignissen dar. Nirgendwo zeigt sich dies deutlicher als daran, dass entscheidende Ereignisse im Leben – vom Abschluss der Ausbildung über die Tilgung der Restschuld von Hypotheken bis zum Ausscheiden aus dem Berufsleben – flächendeckend erst verspätet oder gar nicht mehr eintreten. So rückt zum Beispiel für zahlreiche junge Erwachsene die Unabhängigkeit in weite Ferne, weil es in der Asset-Ökonomie kaum machbar erscheint, sich auf eigene Beine zu stellen

41 Adkins, *The Time of Money*; Konings, *Kapital und Zeit*.

und vor allem den Sprung raus aus dem Elternhaus zu schaffen, weil steigende Immobilien- und Mietpreise sowie prekäre Arbeitseinkommen entsprechende Pläne durchkreuzen. Zwischen 1981 und 2016 stieg in Australien wie in den USA und Großbritannien das Alter, in dem Menschen erstes Wohneigentum erwarben, um durchschnittlich neun von 24 auf 33 Jahre[42] – und damit einhergehend auch das Alter, in dem junge Erwachsene aus dem Elternhaus auszogen. Von 2007 bis 2011 wuchs der Anteil junger Erwachsener (18 bis 34 Jahre), die noch bei den Eltern lebten, in Großbritannien um 11 Prozent und in den USA um 4 Prozent auf ein Allzeithoch von 36 Prozent an.[43] Manche dürften den verlängerten Verbleib im Elternhaus dazu nutzen, Eigenkapital für erstes Wohneigentum anzusparen, aber selbst von denen, die ausziehen, kehren manche wieder zurück, weil der finanzielle Druck zu groß wird. Dieser »Bumerang-Effekt« ist ein voll ausgeprägtes Merkmal des Lebens in der Asset-Ökonomie.[44]

Derartige Verzögerungen und nichtlineare Bewegungen bestimmen nicht nur das Leben junger Erwachsener: Sie gehören ebenso häufig zu den Erfahrungen in älteren Kohorten. In der Nachkriegszeit waren das Abzahlen von Hypotheken und nicht besicherten Krediten fürs Wohneigentum zeitlich auf das Ende des Erwerbslebens abgestimmt, um ein schuldenfreies Leben im Ruhestand zu ermöglichen. In anglokapitalistischen Gesellschaften steigt nun aber die Anzahl von

42 Chomik, »We're Delaying Major Life Events«.
43 Flynn/Schwartz, »No Exit«.
44 Arundel/Lennartz, »Returning to the Parental Home«.

Rentnern mit Hypothekenschulden.[45] Unter solchen Umständen kann sich das Erwerbsleben unabsehbar weit bis über die Zeit hinausziehen, die in der Nachkriegszeit mit dem Renteneintrittsalter assoziiert war, um Kredite zu bedienen und Liquidität im Leben zu sichern. Dabei muss das Liquiditätserfordernis nicht unbedingt den Eintritt in den Ruhestand hinauszögern. Alternativ zehren Haushalte Älterer womöglich andere Vermögenswerte wie Ansprüche aus Kapitallebensversicherungen auf, um liquide zu bleiben. Selbst Menschen mit Wohneigentum, die ihre Hypotheken im Alter getilgt haben, verpfänden ihre Immobilie als Sicherheit für Verbraucherkredite, um sich im Hier und Jetzt Liquidität zu verschaffen. Solche Kapitalfreisetzungen spielen in anglokapitalistischen Ländern unter den Älteren zunehmend eine vorherrschende Rolle, ermöglicht durch eine Reihe innovativer Finanzprodukte, wie lebenslang laufende oder umgekehrte Hypotheken.[46]

Für Rentnerhaushalte kann der Kampf um ein abgesichertes Alter folglich vielfältige Dimensionen annehmen. »Verkleinerung«, um einen Teil des Marktwerts der eigenen vier Wände zu nutzen, ist die wohl bekannteste Strategie. Aber wirklich effizient ist die Lösung nur für Menschen in Großstädten, in denen Wohneigentum einen beachtlichen Wertzuwachs erhalten hat. Eine andere ist der Verkauf und Umzug ins

45 Ong/Wood, »More People Are Retiring with High Mortgage Debts«.

46 Bridge u. a. »Reverse Mortgages and Older People«; Butrica/Mudrazija, *Home Equity Patterns Among Older American Households;* Fox O'Mahony/Overton, »Asset-based Welfare«; Ong u. a., »Housing Equity Withdrawal in Australia«.

Haus erwachsener Kinder.[47] Schritte wie diese ermöglichen es, die intergenerationelle Haushaltsbilanz zu konsolidieren. Aber viele, insbesondere im frühen bis mittleren Stadium der Vermögensbildung, verfügen wohl schlicht nicht über diese Möglichkeiten, nicht einmal dann, wenn der Marktpreis für ihre Immobilie die der Höhe der Restschuld aus ihrer Hypothek übersteigt. Hier wird die nackte Realität davon bestimmt, sich irgendwie finanziell über Wasser halten müssen, wenn Hypothekenschulden drücken, die Arbeitseinkommen stagnieren und das Humankapital zunehmend an Wert verliert. Versuche, diesen Wertverlust auszugleichen, beinhalten mitunter weitere Investitionen ins Humankapital oder in der Ausübung gleich mehrerer Jobs.

Was in vermögensbasierten Lebensläufen und angesichts der sie organisierenden zeitlichen Logik auf dem Spiel steht, lässt sich unter anderem wohl so verstehen: Die Asset-Ökonomie nimmt gemäß unserem Schema, in dem sich »Abstrampler« vergebens darum bemühen, an den Dynamiken der Vermögenspreisinflation teilzuhaben, eine Scheidung nach Klassen vor: zwischen denjenigen, die von der Aufwärtsdynamik der spekulativen Vermögensbewertung profitieren können, und den anderen, die in den kurzfristigen Zeithorizonten der Warenökonomie gefangen bleiben, ohne zu den langfristigen spekulativen Horizonten der Asset-Ökonomie aufbrechen zu können. Entsprechend schlug Neferti X. M. Tadiar[48] eine Un-

47 Liu u. a., »Housing Multigenerational Households in Australian Cities«.

48 Tadiar »Life-times in Fate Playing«; dies., »Life-times of Disposability within Global Neoliberalism«.

terscheidung vor zwischen denen mit einem Leben, das sich so kapitalisieren lässt, dass es künftige Erträge abwirft, und den anderen mit einem rein kommodifizierten Leben, das zur Wertspeicherung oder zum Werterhalt unfähig und deswegen leicht als eine Art Wegwerfware fungiert. Deswegen sieht Tadiar die Lebenszeiten des gegenwärtigen Kapitalismus in dem Sinn als gespalten an, dass die einen an der expansiven, zukunftsorientierten Zeit der Spekulation und die anderen an der im Verfall begriffenen, schrumpfenden Zeit der Ware teilhaben.

Dies erklärt ebenso, warum mehr oder weniger bewusste Versuche, sich aus der Asset-Ökonomie herauszuhalten und auf ein einfacheres, »rein kommodifiziertes« Leben zu setzen, auf Schwierigkeiten stoßen. Zur Miete zu leben, mag mit einem bestimmten Einkommen eine Zeitlang tragfähig erscheinen, aber mit dem Aufwärtsdruck am Immobilienmarkt steigen am Ende auch die Mieten. Die Weigerung, Geld anzusparen und in den Aktienmarkt zu investieren, ist schier unmöglich geworden in der jetzigen Zeit, in der selbst die großzügigsten Wohlfahrtsstaaten ihre öffentliche Versorgung auf Niveaus abgesenkt haben, die ein privates Zusatzeinkommen schlichtweg unumgänglich machen. Nur um an einen annehmbaren Arbeitsplatz (zumindest befristet) zu kommen, der so auskömmlich bezahlt wird, dass er eine warenbasierte Existenz ermöglicht, sind faktisch fast überall Investitionen ins Humankapital erforderlich – also die Aufnahme eines Kredites, um eine tertiäre Bildung und Ausbildung zu finanzieren. Der Neoliberalismus hat die Vorstellung, dass man beim Verkauf der eigenen Arbeitskraft nicht nur einfach in eine monetäre Transaktion eingebunden ist, sondern auch sein Humankapital vermarktet, zur Realität werden lassen. Kraft dieser Logik ist Bildung eine Investition in das eigene zukünftige Selbst, darauf angelegt, Fähigkeiten aufzubauen, die Einnahmen generieren, Kapitalerträge abwerfen und es dadurch ermöglichen, die Kredite abzubezahlen, die zu ihrem Aufbau aufgenommen werden mussten.[49] Aber dabei ist das Humankapital durch die Stagnation der Einkommensentwicklung einem Wertverfall ausgesetzt, während die aufgenommenen Schulden nominal ihren Wert behalten. Daraus ergibt sich die Belastung mit einer Art »Unterwasserhypothek«: Zahlungen auf ein (nicht ablösbares) Darlehen werden fällig, dessen Wert den des erworbenen Assets übersteigt. Mit anderen Worten: Was die Vorstellung von einer Gabelung des Wegs in eine Asset- und in eine Warenwirtschaft nicht erfasst, ist die Tatsache, dass wir inzwischen alle der Logik der auf- und absteigenden Asset-Bewertung, der Inflation und Deflation ausgeliefert sind.

Nirgendwo sind die Auswirkungen dieser dualen Logik sichtbarer geworden als in den realen Verhältnissen, die sich aus kreditfinanzierten Ausbildungen in den Geisteswissenschaften ergeben, insbesondere in den USA (allerdings tauchen ganz ähnliche Verwerfungen inzwischen auch in anderen Ländern auf). Junge Menschen, die ihr Studium absolviert haben, müssen immer häufiger Kredite abstottern und sind in einem Leben gefangen, das von einem ständigen Liquiditätsabfluss bestimmt wird, ohne jede Möglichkeit, neue Investitionen zu tätigen, um das Ruder herumzuwerfen. Und

49 Brown, *Die schleichende Revolution.*

auch dadurch wird der Weg zum Wohneigentum um so vieles steiniger. Für diejenigen, die gegenwärtig ins Erwachsenenalter eintreten, ist die Hürde, sich eine Existenz in der Mittelschicht zu erarbeiten, schlicht höher als für die vorigen Generationen.

Wie erwähnt, nimmt der Verweis auf dieses Gefühl einer permanenten ausweglosen Krise in den Diagnosen zum Zeitgeist einen prominenten Platz ein. Eine übliche Klage lautet hier, dass die Zuversicht in die Zukunft verloren gegangen sei: dass die Perspektive fehle, sich mit der Zeit weiterzubewegen und vorwärtszukommen. Folglich hören wir vom »allmählichen Aufkündigen der Zukunft«[50], der »Abschaffung der Zukunft«,[51] dem »Leben nach der Zukunft«[52] und »der seltsamen Empfindung, [...] ohne Zeit zu leben«.[53] Es herrscht das Gefühl, dass das Leben zu einer Serie von Momenten baren Überlebens gerate, mit der erzwungenen Teilnahme an einem Spiel, dessen Ausgang durch eine bestehende, nie abzutragende Schuld aus der Vergangenheit von vornherein festgelegt sei. Lisa Baraitser[54] spricht von einer neuen Art temporaler Erfahrung, in der die Zeit, die sie als eine »beständige« bezeichnet, nicht mehr wie früher dahinfließt. Ähnliche Konzepte sind Eric Cazdyns[55] Begriff der »neuen Chronik«, in der wir immer unsere Wunden ohne Hoffnung auf ein vollständi-

50 Fisher, *Gespenster meines Lebens*, S. 17.
51 Krause-Frantzen, *Going Nowhere, Slow*, S. 2.
52 Berardi, *After the Future*, S. 163.
53 Lazzarato, *The Making of the Indebted Man*, S. 47.
54 Baraitser, *Enduring Time*.
55 Cazdyn, *The Already Dead*.

ges Ausheilen lecken, oder Lauren Berlants[56] Idee vom »langsamen Tod«. Wir haben mit Blick auf den Gedanken eines Endes der Zukunft bereits Bedenken angemeldet. Trotz allen Unbehagens treiben uns offenbar immer noch intensiv das Kommende und die Möglichkeit einer besseren Zukunft um. Gleichzeitig drücken diese Formulierungen unleugbar etwas Wesentliches an der Erfahrung aus, ein Leben gestalten zu müssen, auf dem eine gewaltige Masse an »negativem Nettowert« lastet. Deswegen ist es wichtig, sich mit dem Gedanken zu befassen, dass wir es hier mit etwas Paradoxerem zu tun haben.

Wie wir sahen, hängt erfolgreiches Wirtschaften in der Asset-Ökonomie häufig von der Möglichkeit ab, sich Zugang zu Liquidität zu verschaffen, sich »Zeit zu kaufen«. Am spektakulärsten zeigt sich dies in Situationen groß angelegter Rettungsaktionen: Wenn der Markt als Ganzes in Turbulenzen gerät, bleibt den größten Institutionen oft nichts anderes übrig, als abzuwarten und die Wellen auszureiten, wobei sie auf Liquiditätshilfen und Bailouts zählen, um den Sturm zu überstehen. Aber die Möglichkeiten, mit denen systemrelevante Finanzinstitute drängende Zahlungen aufschieben konnten, wurden in die grundlegendsten Mechanismen der finanziellen Steuerung eingebettet – natürlich im Widerspruch zu einem vertrauteren Bild vom Kapital (und insbesondere der Finanzwelt), in dem wir diese mit Geschwindigkeit und Beschleunigung assoziieren.[57] Ein ähnliches Paradox sehen wir auch am anderen Ende der Verteilungsskala am Werk. Weit entfernt von jedem Gefühl, dass die Aussichten

56 Berlant, *Cruel Optimism*,
57 Siehe z. B. Rosa, *Beschleunigung*.

schwinden oder die Zukunft untergeht, beinhaltet der gegenwärtige Kapitalismus eine Anomalie, die sich am besten als »hektische Inaktivität« oder »rastlose Reglosigkeit« bezeichnen lässt.[58] Etwas muss geschehen, weil unser Gefühl für die Zukunft nur allzu real ist, nur dass es dafür häufig keine wirklich effizienten Handlungsmöglichkeiten gibt. Wir müssen unternehmerisch denken und aktiv aus einem Menü mit nur schlechten Optionen auswählen, die allesamt unserem Wachsen und Gedeihen weitere Hindernisse in den Weg legen.[59] Am Ende finden wir uns in einer kräftezehrenden, nervenaufreibenden Situation wieder, in der wir immer wachsam bleiben müssen, ohne dass es klare Belohnungen gibt. Elliot bezeichnete dies als die »Leidenshandlungsmacht« *(suffering agency)*, ein paradoxer Zustand, der dem handelnden Subjekt ständige Aufmerksamkeit und Bereitschaft abverlangt, der aber in jeder Hinsicht so erlebt wird, als seien die Ergebnisse schon festgelegt.

Nochmals: Dieses Affektregister ist nicht als ein genereller Übergang in eine neue Form der Entfremdung aufzufassen, den eine bestimmte Generation erfährt. Die Vorstellung, dass ganze Kohorten vom Asset-Besitz ausgeschlossen und von älteren Generationen enteignet worden seien, erweist sich als problematisch, sobald die Themen Erbschaft und intergenerationeller Wohlstandstransfer ins Bild eingefügt werden. Zahlreiche Wünsche, die als strukturell unmöglich verwirklichbar gelten (Hochschulabschluss ohne Verschuldung; Ansparen von Eigenkapital zum Erwerb von Wohneigentum, ein zwei-

58 Southwood, *Non-Stop Inertia.*

59 Elliott, *The Micro-Economic Mode.*

jähriges unbezahltes Praktikum, die zum Ergreifen interessanter, gut bezahlter Berufe zunehmend erforderlich sind), werden vollumfänglich realisierbar für die Glücklichen mit den reichen Eltern, die mit einem Bailout einspringen können.

In einem Kontext anhaltend steigender Immobilienpreise, in dem in anglokapitalistischen Ländern erhebliche Teile der Bevölkerung von (potenziellen oder aktuellen) Kapitalgewinnen aus Immobilienbesitz profitieren, steht inzwischen ein erhöhter Anteil an Haushalten Älterer bereit, um über den Mechanismus der Erbschaft Wohlstand an erwachsene Kinder zu transferieren. Tatsächlich können inzwischen mehr Menschen aus den jüngeren Generationen eine Erbschaft erwarten, als es bei den vorangegangenen der Fall war.[60] Auch nahmen die intergenerationellen Wohlstandstransfers zu Lebzeiten, um den Erwerb von Wohnraum zu ermöglichen, in den anglokapitalistischen Ländern deutlich zu.[61] Junge Erwachsene müssen sich immer häufiger darauf verlassen, dass ihre Eltern in der Lage und bereit sind, ihnen mit Geldgeschenken oder Darlehen zum Eintritt in den Immobilienmarkt zu verhelfen. Erbschaften dienten von jeher in der Geschichte als ein entscheidender Mechanismus, um privaten Wohlstand von einer auf die nächste Generation zu übertragen, insbesondere bei den besonders Vermögenden.[62] In der Asset-Ökonomie,

60 Daley/Wood, *The Wealth of Generations*; Hood/Joyce, *Inheritances and Inequality*.

61 Christophers, »Intergenerational Inequality?«; Flynn/Schwartz, »No Exit«; Köppe, »Passing It on«; Ronald/Lennartz, »Housing Careers, Intergenerational Support and Family Relations«.

62 Siehe zum Beispiel Beckert, *Unverdientes Vermögen oder illegitimer Eingriff in das Eigentumsrecht?*

in der Asset-Besitz die Lebenschancen entscheidend mitbestimmt und bis weit über das 1 Prozent der Reichsten hinaus zu einer Realität geworden ist, gewinnen Erbschaften und Transfers zu Lebzeiten allerdings eine völlig neue Bedeutung.

Erstens entwickeln sich diese Weitergaben von Vermögen zu den entscheidenden Mechanismen der generellen sozialen Schichtung: Sie bilden nicht mehr nur eine Möglichkeit für die Allerreichsten, ihren Wohlstand an Kinder weiterzureichen, sondern werden zu einer wichtigen Variable, die quer durch das sozioökonomische Spektrum die Reproduktion wohlstandsbasierter Ungleichheiten und vermögensbasierter Klassenpositionen mitbestimmt. Eltern, die Geld zum Erwerb von Wohneigentum zuschießen oder ihre eigene Immobilie zur Besicherung eines Kredits verpfänden, entscheiden über die Fähigkeit junger Erwachsener, sich in den Immobilienmarkt einzukaufen. In Australien sind diese beim erstmaligen Eintritt, wenn sie gegeneinander und gegen Investor*innen konkurrieren müssen, mit elterlicher Unterstützung deutlich erfolgreicher.[63] Tatsächlich wurde das Gesamtvolumen an Transfers dieser australischen »Mama-Papa-Bank« auf das eines mittelständischen Hauskreditgebers geschätzt.[64] Auch gibt es wachsende Belege dafür, dass Eltern Wohlstand nicht nur direkt transferieren, sondern sogar selbst Kredite aufnehmen, Darlehen absichern und Kapitalfreisetzung nutzen,

63 Barrett u. a. »How Do Intergenerational Transfers Affect Housing and Wealth?«; Barrett u. a., »The Relationship between Intergenerational Transfers, Housing and Economic Outcomes«; Simon/Stone, *The Property Ladder after the Financial Crisis*.

64 Kohler, »Majority of First-home Buyers Now Use ›Bank of Mum and Dad‹«.

um ihren Kindern den Schritt auf die Leiter der Vermögensbildung zu ermöglichen.[65]

Ähnliche Trends sehen wir in Großbritannien, mit immer mehr Jüngeren, die Unterstützung aus den älteren Generationen erhalten, um an erstes Wohneigentum zu kommen. Laut Schätzung sind bei einem erstmaligen Erwerb in über 25 Prozent der Fälle Eltern beteiligt,[66] und bis zu 60 Prozent derer, die sich erstmals nach einer Immobilie umschauen, gehen davon aus, finanzielle Unterstützung von Familienangehörigen zu benötigen.[67] Die Auswirkungen dieser Transfers erwiesen sich als die gleichen wie in Australien: Sie stärken die Fähigkeit junger Leute, an Wohneigentum zu kommen. Im Vormarsch ist auch die Nutzung intergenerationeller Finanzprodukte, dank derer Eltern ihren erwachsenen Kindern zum erstmaligen Kauf einer Immobilie verhelfen können, unter anderem mit intergenerationellen Hypotheken sowie mit Darlehen, Kapitalfreisetzungen und einer erneuten hypothekarischen Belastung des eigenen Zuhauses.[68]

Zweitens haben im Kontext der stetigen Vermögenspreissteigerung Erbschaften, insbesondere von Wohnimmobilien, eine besondere spekulative Dimension gewonnen. Dabei geht es nicht mehr nur um einen passiven Transfer von Eigentum, der automatisch nach einem Todesfall erfolgt. Vielmehr werden Erbschaften zu einer Reihe strategischer Entscheidungen

65 Udagawa/Sanderson, *The Impacts of Family Support;* Yeates, »NAB and Westpac Say More Parents Guaranteeing Kids' Loans«.

66 Ronald/Lennartz, »Housing Careers, Intergenerational Support and Family Relations«.

67 House of Lords Select Committee, *Tackling Intergenerational Unfairness.*

68 Ebenda.

dazu, wie Kinder in der Asset-Ökonomie positioniert werden. Wohlstandstransfers zu Lebzeiten sind im Wesentlichen Formen eines vorgezogenen Erbes, die in der Asset-Ökonomie wirksam eingesetzt werden müssen – als ein Hebel, um eine Grundlage für Vermögensbildung zu schaffen. Die Nutznießer*innen erhalten mit ihm nicht einfach nur eine erkleckliche Einmalzahlung, sondern einen Türöffner, um sich die wohlstandsschaffenden Effekte von Vermögensbesitz zu erschließen.

Wie die wachsende Bedeutung solcher intergenerationellen Transfers zeigt, operiert die Asset-Ökonomie durchaus noch mit einem Generationenvertrag, der sich keineswegs in Auflösung befindet. Dieser funktioniert nicht mehr durch die Mechanismen staatlicher Umverteilung, sondern über die wiederbelebte, neuerfundene und reformierte Familie.[69] Vor dem Hintergrund eines im Rückzug befindlichen Sozialstaats, stagnierender Arbeitseinkommen, rasant steigender Immobilienpreise und dem Wachstum der Vermögen privater Haushalte wirkt die Familie in anglokapitalistischen Ländern auf die Art inzwischen als eine Hauptquelle für die wirtschaftliche Absicherung.

Flynn und Schwartz[70] deuteten diese Veränderungen in dem Sinn, dass die anglokapitalistischen Länder vom marktbasierten Modell abrückten und sich charakterlich stärker

69 Cooper, *Family Values;* Flynn, »Delayed and Depressed«; Ronald/Lennartz, »Housing Careers, Intergenerational Support and Family Relations«; Ronald u. a., »What Ever Happened to Asset-based Welfare?«.

70 Flynn/Schwartz, »No Exit«.

Südeuropa annäherten. Jedoch übersehen sie dabei das Ausmaß, in dem dieser Trend zur Refamiliarisierung in die Logik des finanzialisierten Kapitalismus eingebettet ist, anstatt von ihr abzuweichen. Die Effekte der Asset-Ökonomie sind unter der Annahme, dass sich anglokapitalistische Gesellschaften in einem soziostrukturellen Sinn anderen Arten oder Typen annäherten oder dass uns die Asset-Ökonomie in eine Welt zurückgeführt habe, wie sie vor den Innovationen des Wohlfahrtstaates im 20. Jahrhundert existierte, nicht zu fassen. Die Asset-Ökonomie ist vielmehr durch ihre eigenen spezifischen Logiken charakterisiert, die die Sozialstruktur auf eine besondere Weise verändert haben. Wie in diesem Kapitel hervorgehoben, brachten die genannten Transformationen eine weitreichende Umgestaltung der Klassenstruktur, eine Neuausrichtung der Dynamiken von Haushalten und eine Umorganisation der politischen Ökonomie des Lebens mit sich. Klassenpositionen werden auf der Grundlage von Vermögen festgelegt, der minskyianische Haushalt hat den fordistischen abgelöst, und durch diese Trends treten Lebenszeiten in Erscheinung, die auf Vermögensbildung ausgerichtet sind, tiefgreifend geprägt von den Dynamiken von Wertsteigerung und Wertverfall sowie vom Kampf um Liquidität.

Fazit

Etablierte Institutionen und Medien schlagen immer häufiger Alarm wegen der gesellschaftlichen und politischen Konsequenzen, welche die wachsenden sozialen Ungleichheiten mit sich bringen. Die OECD sorgt sich um den Niedergang der Mittelschicht, *The Economist* befürchtet den Aufstieg eines Millennial-Sozialismus, und zahlreiche warnende Worte, welche die *Financial Times* an ihre finanziell etablierte Leserschaft richtet, fänden auch in politisch weitaus progressiveren Publikationen ihren Platz. Dieses Buch hat darauf hingewiesen, dass Assets bei den sozialen Verwerfungen, die solche Besorgnisse hervorrufen, eine zentrale Rolle spielen. Mehrere Jahrzehnte der Vermögenswertinflation haben eine neue Logik der Ungleichheit heraufbeschworen, bei der Asset-Besitz als eine Determinante der Klassenposition wichtiger als Beschäftigung wird. Wir haben dies im Sinn eines Übergangs vom keynesianischen zum minskyianischen Haushalt charakterisiert, der die Funktion der Erwerbsarbeit (des männlichen Ernährers) und die spezifische Vorstellung eines mit ihm assoziierten Lebensverlaufs auf den Kopf gestellt. Daraus ergeben sich ungewissere und unvorhersagbare Lebenszeiten, die zwangsläufig in größerem Maß im Dienst der Vermögensbildung und der spekulativen Bewertung von Vermögenswerten stehen.

Diese Erkenntnis zur strukturierenden Rolle von Assets ist

wichtig, wenn die flächendeckende Zunahme der Ungleichheit in vielerlei Dimensionen nicht nur zur Kenntnis genommen[1], sondern darüber hinausgehend auch bestimmt werden soll, wo genau die Quellen der gegenwärtigen sozialen Probleme liegen. Institutionen oder Organisationen der oben angeführten Art machen sich beispielsweise eher weniger Sorgen wegen der Ungleichheit als solcher als vielmehr wegen deren Erscheinungsformen und politischen Folgen. Dabei rücken üblicherweise die Auswirkungen der wachsenden Ungleichheit auf die soziale Mobilität und Chancengleichheit in den Fokus. So hob die OECD[2] hervor, dass die Gruppen am unteren Ende der Einkommensskala an sozialer Mobilität eingebüßt haben, während die an der Spitze ihre Privilegien horten und sie jetzt mit noch größerem Erfolg an ihre Kinder weitergeben. Durch eine Doppeldynamik, die die einen auf der Stelle treten und die anderen Vermögen horten lässt, können »Menschen unten seltener aufsteigen […] und Menschen oben seltener abrutschen«.[3] Dies markiert eine deutliche Abkehr von der frühen Nachkriegszeit, in welcher der soziale Aufstieg in der Praxis (wenn auch immer begrenzt) dadurch möglich wurde, dass sich die Beschäftigungsstruktur veränderte, insbesondere durch die wachsende Bedeutung von leitenden und freiberuflichen akademischen Tätigkeiten.[4] Die OECD

1 Dorling, *Inequality and the 1%;* Milanovic, *Die ungleiche Welt;* Stilwell, *The Political Economy of Inequality.*

2 OECD, *A Broken Social Elevator?*

3 Ebenda, S. 32.

4 Bukodi/Goldthorpe, *Social Mobility and Education in Britain;* Elliot Major/Machin, *Social Mobility and its Enemies;* Friedman/Laurison, *The Class Ceiling.*

bezeichnet die zum Stillstand gekommene Mobilität als einen »kaputten sozialen Fahrstuhl«[5] und suggeriert, dass sozialer Aufstieg mit einer Rückkehr zu den charakteristischen Sozialstrukturen der Nachkriegszeit wieder möglich werde. Auf die Art modelliert sie soziale Mobilität nach wie vor als eine Bewegung durch die Skalen der Arbeitseinkommen, gemäß einem Modell, dessen Relevanz wir in diesem Buch vor allem infrage gestellt haben. Ganz abgesehen davon, dass ein ausschließlicher Fokus auf die Mobilität an seine Grenzen stößt, verstellt uns die Neigung, das Problem anhand eines um Arbeit zentrierten Verständnisses von Ungleichheit zu analysieren, den Blick dafür, wo dessen Ursachen liegen und welche effizienten politischen Maßnahmen sich zur Lösung formulieren lassen.

Bei unseren Erklärungen zur Logik der Asset-Ökonomie haben wir uns auf Forschungen aus der heterodoxen politischen Ökonomie, insbesondere auf Minskys Ideen gestützt. Anders als in den Diskussionen um Minsky legten wir den Akzent dabei allerdings nicht auf die unhaltbare Natur der systematischen Überschuldung. Als wichtigsten konzeptionellen Punkt vertraten wir hier die Auffassung, dass es keinen objektiven Tipping Point gibt, an welchem die Tragfähigkeit einer Verschuldung überschritten wird, und dass es sich dabei letztlich um eine gesellschaftliche und institutionelle Frage handelt. Minsky rückte von dem Gedanken ab, dass Assets einen zugrunde liegenden wahren und realen Wert hätten, der sich langfristig durchsetzen würde. In diesem Sinn war er ein

5 OECD, *A Broken Social Elevator?*

»postfundamentalistischer Denker«, wie wir ihn bezeichnen könnten, weil er die Vorstellung ablehnte, nach der sich die Qualität unserer sozioökonomischen Konstrukte verstehen lässt, wenn man sie anhand externer oder theoretisch abgeleiteter Standards beurteilt. Solange man sich auf die Vorstellung stützt, dass Vermögensgegenständen bestimmte feste Werte zugrunde liegen, kann man leicht zu einer abstrakten Erörterung des Verschuldungsproblems übergehen – als hätten die verstärkten Verpflichtungen für die Zukunft, die mit einer Verschuldung einhergehen, etwas inhärent Widersprüchliches. In diesem Buch haben wir hervorgehoben, dass wir die Asset-Ökonomie nicht auf eine Schuldenwirtschaft reduzieren dürfen. Durch diese Tendenz fließen in unsere Kritik am Neoliberalismus unbeabsichtigt allzu viele Rahmenkonzepte aus dem orthodoxen Marktverständnis mit ein. Die Analyse der Asset-Ökonomie muss nicht im Rahmen der zwangsläufig moralisierenden polanyianischen Sorge um die Entbettung durch Marktmechanismen, sondern vielmehr mit dem Fokus auf die spekulative Bewertung und die verschuldungsbasierte Finanzierung von Assets durchgeführt werden.

Wir haben uns von strukturalistischen Wirtschaftsanalysen ferngehalten und ebenso eher journalistische, eine auf Ereignisse fokussierte Darstellung zu vermeiden versucht. Derzeit wächst die Einsicht, dass Immobilienpreise in Großstädten unbezahlbar geworden sind, dass sie jungen Leuten die Fähigkeit nehmen, wichtige Etappenziele im Leben im gleichen Alter wie ihre Eltern zu erreichen, und dass politische Maßnahmen wie die quantitative Lockerung dieses Problem erheblich verschärfen. Aber in der Art, wie diese Phänomene häufig beschrieben werden, spiegelt sich der Wunsch wider, das Problem auf bestimmte politische Maßnahmen oder Allianzen zu reduzieren – als ob allein die Wahl neuer politischer Eliten an dieser Konfiguration etwas nennenswert verändern könnte oder als ob sich das Problem hier klar auf bestimmte Parteiprogramme zurückführen ließe.

Wie so oft der Fall, besteht hier eine spezielle Komplementarität der Beschäftigung mit den Tiefenstrukturen und der Tendenz, den Entscheidungen und der Handlungsmacht der Politik übergroßes Gewicht beizumessen. Entsprechende Ansätze stützen sich insofern gegenseitig, als der eine Elemente hervorhebt, die im anderen nicht sofort sichtbar sind. Was fehlt, ist ein dazwischen angesiedeltes Verständnis dafür, wie die Asset-Ökonomie die soziale Logik der Stratifizierung und Ungleichheit verändert hat, wie die Doppeldynamik aus Humankapitalabwertung und Vermögenspreisinflation eine neue Art Gesellschaft hervorgebracht hat, die durch eine ausgeprägte Klassenstruktur gekennzeichnet ist.

In diesem Sinn ist dieses Buch eine Intervention bezüglich der konzeptionellen Parameter der Neoliberalismus-Debatten , in denen Fragen zur jeweiligen Bedeutung der strukturellen ökonomischen Imperative auf der einen und der politischen und ideologischen Kämpfe auf der anderen Seite zentral gewesen sind. In neueren Beiträgen wurde hervorgehoben, dass beide dieser Dimensionen wichtig sind, wobei der vorherrschende Trend dahin geht, den Neoliberalismus als ein Projekt der rastlosen Kommodifizierung darzustellen, am Leben gehalten von politischen Eliten mithilfe von Strategien, die verschleiern, auf welche Art der Neoliberalismus den

Interessen und Vorlieben der Masse der Bevölkerung schadet.[6] Solche analytischen Neukombinationen der Kategorien von Staat und Markt verstellen den Blick dafür, was an der gegenwärtigen Ära neu ist, oder sie erschweren ein Verständnis dafür, wie der Neoliberalismus je funktionieren konnte, ohne auf ziemlich krude ideologische Begriffe zurückzugreifen.

Dass anstatt mit Arbeit mit Vermögenswerten Geld verdient wird, ist an sich natürlich kein neues Phänomen. Aus diesem Blickwinkel betrachtet mag es so aussehen, als wäre Neoliberalismus faktisch nur so etwas wie die wiederauferstandene Rentenökonomie. Übersehen wird dabei freilich, in welchem Ausmaß das Geldverdienen mit Assets demokratisiert worden ist (und ebenso inwieweit Vermögensbesitz selbst »Arbeit« in dem Sinn ist, dass mit ihm häufig nicht der Glanz und der Müßiggang einhergeht, die wir mit einem Rentiers-Dasein assoziieren). Entscheidend ist hier das Faktum, dass die politischen Maßnahmen, die es ermöglichten, dass die Erträge aus Vermögenswerten die aus der Arbeit übersteigen, in einem historischen und institutionellen Umfeld stattfanden, in dem Wohneigentum bereits zu einem erheblichen Ausmaß demokratisiert worden war. Hier weicht unsere Darstellung von der Pikettys ab, der den Wertzuwachs von Assets im Sinne einer Rückkehr zur Plutokratie des Gilded Age betrachtet. Auch wenn es uns keineswegs darum geht, die Realität des 1 Prozents zu leugnen, reden wir deswegen von einer »Asset-Ökonomie«, weil das 1-Prozent-Phänomen als Teil einer umfassenderen Logik des Vermögensbesitzes zu sehen

6 Dardot/Laval, *Never Ending Nightmare;* Duménil/Lévy, *The Crisis of Neoliberalism;* Mirowski, *Untote leben länger.*

ist, der einen größeren Prozentsatz an Haushalten einschließt. Den wachsenden Reichtum derer ganz oben ins Scheinwerferlicht zu stellen, ist eine absolut legitime politische Strategie mit einem erheblichen Potenzial zur Mobilisierung, aber mit dieser Ausrichtung an sich ist nicht aufzuklären, warum sich die ausgemachten Trends als so widerstandsfähig und eingefleischt erweisen. Der Neoliberalismus mag an seine Grenzen stoßen und seine Widersprüche offenbaren, aber diese bleiben unverständlich, wenn sie unter der polanyianischen Lupe der Umkehrungen betrachtet werden: In gleicher Weise wie der Keynesianismus der Nachkriegszeit dauerhafte Veränderungen bewirkte, hat der Neoliberalismus etwas errichtet, das aus sich selbst heraus verstanden werden muss.

Die Zukunft der Asset-Ökonomie ist eine soziale Frage, die sich darum dreht, wie Gesellschaften strukturiert wurden und wie sich die entstandenen Muster in verschiedenen Kontexten niederschlagen. Wie wir argumentierten, ist zum Beispiel die quantitative Lockerung eine problematische Maßnahme, insofern sie Vermögende gegenüber nicht Vermögenden und Vermögende der obersten gegenüber Vermögenden der mittleren Schicht privilegiert. Aber dies passiert nicht zufällig: Angesichts der Strukturen, die im Verlauf der neoliberalen Ära aufgebaut wurden, verfügen Zentralbanken kaum über eine andere Möglichkeit, als Liquidität in die Finanzmärkte zu pumpen. Um zu verstehen, wie ein solcher politischer Lock-in-Effekt eintritt – wie sich Gesellschaften und ihre Regierungen in Positionen manövrieren, in denen sie nur noch eine Politik verfolgen können, die sie zunehmend als problematisch erfahren –, haben wir unsere volkswirtschaftliche Analyse stärker soziologisch ausgerichtet und die verschiedenen Wählerschichten beleuchtet, die diese Maßnahmen begrüßen.

Wenn wir den Fokus unserer Analyse alternativ auf Assets anstatt, wie sonst eher üblich, auf die Kommodifizierung richten, soll damit keineswegs geleugnet werden, dass viele Leistungen, die vormals üblicherweise durch öffentliche Institutionen erbracht wurden, inzwischen über Preismechanismen organisiert sind, was in jeder Hinsicht Deregulierungen und öffentlichen Sparmaßnahmen geschuldet ist. Die Zunahme von Ungleichheit allein unter diesem Gesichtspunkt zu betrachten, führt allerdings kaum zu ihrem umfassenden Verständnis: Der Vorwurf der Kommodifizierung wird hauptsächlich als eine Kulturkritik formuliert, die innerhalb der Parameter des orthodoxen Bildes vom Markt bleibt, auch wenn sie diesem normativ einen negativen Anstrich gibt. Marx begründete den Warenbegriff, um eine bestimmte Art der Ausbeutung, eine spezifische Quelle von Ungleichheit und eine spezifische Art Gesellschaft zu analysieren: eine, die auf der Ausbeutung von Lohnarbeit beruht. Auch wenn diese Art Ausbeutung aus der gegenwärtigen Welt keineswegs verschwunden ist, lautet die Argumentation dieses Buchs, dass wir sie nicht mehr als die Hauptantriebskraft bei der Entstehung von Ungleichheit ansehen können.

Denn die Logik der Entstehung von Ungleichheit hat eine eher »topologische« Qualität angenommen:[7] Sie wirkt immer weniger durch Extraktion und Appropriation und zunehmend durch Inflation und Deflation von zeitlich verorteten Ansprüchen. Die spekulative Logik der Asset-Ökonomie bein-

7 Lury, »Topological Sense-making«.

haltet eine spezifische Politik von Bewertung und Messung als performativ, als Prozesse, die nicht passiv einen vorgegebenen objektiven Wert widerspiegeln, sondern das sozioökonomische Terrain und seine Praktiken aktiv ausgestalten. Dieser Gedanke hat auf einer theoretischen Ebene beachtliche Aufmerksamkeit erhalten, zum Beispiel in der Wertform-Theorie,[8] in der autonomistisch-marxistischen Ablehnung der Arbeit als Wertmaß[9] und in der pragmatistischen Kritik, die Wert nicht als ontologisch vorgibt, sondern als eine Praktik versteht.[10] Aber die Bedeutung eines solchen postfundamentalistischen oder antiessentialistischen Verständnisses von Wert wurde oft in der Schwebe gelassen, wenn es um makroökonomische Fragen ging.

Auch hier ist Minsky hilfreich, insbesondere mit seinem Zwei-Preis-Modell,[11] in dem er den Prozess, der die Vermögenspreise regiert, von der Logik unterscheidet, die über die Verbraucherpreise bestimmt. Die Vermögenspreisbildung beinhaltet zeitliche Elemente, Spekulation und Unsicherheit, die in der Logik der Verbraucherpreisbildung nicht enthalten sind. Eben aus diesem Blickwinkel wird deutlich, dass der Fokus, den offizielle Kreise auf die am Verbraucherpreisindex (VPI) bemessene Verbraucherpreisinflation richten und der zu der landläufigen Wahrnehmung führt, wonach wir in einer inflationslosen Welt lebten, die inflationäre Logik und die Verteilungseffekte der Asset-Ökonomie ausblenden, und dies mit

8 Elson, »The Value Theory of Labour«.

9 Negri, »Value and Affect«.

10 Muniesa, »A Flank Movement in the Understanding of Valuation«.

11 Minsky, *Stabilizing an Unstable Economy.*

weitreichenden Folgen. Der VPI basiert auf einer rigorosen Unterscheidung zwischen Konsumption und Investition. Alles, was als Investition gelten kann – aufgewendete Mittel, die in der Zukunft Erträge abwerfen sollen –, fällt somit heraus. In einem bestimmten historischen Kontext war dies durchaus vernünftig: Der VPI sollte als Index laufend die Veränderungen bei den Lebenshaltungskosten aufzeigen, um den Erwartungen bei der Lohnentwicklung eine Orientierung zu geben (und den Verdacht einer Arbeiterklasse zu beschwichtigen, dass der Wert ihrer Löhne durch steigende Durchschnittspreise aufgezehrt würde). Aber der VPI ist kein natürlicher, objektiver Indikator für das allgemeine Preisniveau, auch wenn wir ihn inzwischen als einen solchen begreifen. Es gibt keine neutrale Methode, um ein generelles Preisniveau zu messen: Alles hängt vom Zweck des Indexes und seiner Berechnungsweise ab.[12] Wenn man sich unsere gegenwärtige Realität als eine Welt vorstellt, in der der Geldwert stabil und vorhersagbar (»neutral« in der Sprache der orthodoxen Wirtschaftstheorie) ist, lenkt dies von den Verteilungseffekten der Asset-Ökonomie ab. Und wenn es darum geht, Konsumption säuberlich von Investition zu trennen, stellt das als Asset behandelte Wohneigentum ein besonderes Problem dar. Immobilienpreise aus den offiziellen Inflationsindizes auszuschließen, läuft unserem Verständnis des Alltagslebens in zunehmendem Maß zuwider: Beim Lohn einen jährlichen Inflationsausgleich zu bekommen, wenn der Preis für ein Eigenheim um 10 Prozent steigt, kommt faktisch einer Absenkung des Lebensstandards gleich.

12 Hayes, »The Social History of Quantifying Inflation«.

Wie wir sahen, sind die Versprechen des demokratisierten Vermögensbesitzes und der universellen Wohlstandseffekte in fast sämtlichen Bereichen an ihre Grenzen gestoßen. Dabei hatten sie beim Wohneigentum am nachhaltigsten gewirkt. Durch die Krise von 2007/2008 bekam das Bild vom Wohneigentum als demokratischem Wohlstandsgenerator deutliche Risse. Entgegen weit verbreiteten Erwartungen sind die Preise an den Immobilienmärkten in Großstädten nach dem Einbruch wieder in die Höhe geschossen.[13] Aber die problematischen Effekte dieser Entwicklung werden immer deutlicher sichtbar und bereiten Politiker*innen und politischen Entscheidungsträger*innen zunehmend Kopfzerbrechen. Zentral dabei ist, dass von den Wertzuwächsen in konzentriertem Maß die bereits Begüterten profitieren, während kaufwillige Haushalte aus der Mittelschicht vom Häusermarkt ausgeschlossen werden. Ein Arbeitseinkommen, das es vor zehn Jahren noch ermöglicht hätte, sich in den Immobilienmarkt einzukaufen, reicht dazu (VPI-angepasst) inzwischen nicht mehr aus, weil sich die Immobilienpreise seither vielerorts verdoppelt haben.

Jede politische Absicht, das Problem zu adressieren und Wohneigentum bezahlbarer zu machen, erweist sich zwangsläufig als zweischneidig: Maßnahmen, durch die ein Immobilienkauf für einige in Reichweite rückt (z. B. niedrigere Hypothekenzinsen), treiben gleichzeitig die Preise weiter nach oben und durchkreuzen so die Pläne anderer. Im Januar 2020 startete die australische Bundesregierung eine neue Initia-

13 Jordà u. a., »The Rate of Return on Everything«.

tive – das First Home Loan Deposit Scheme –, das darauf ausgelegt ist, angehende erstmalige Käufer*innen mit niedrigen und mittleren Einkommen durch einen Erlass der Gebühren und Versicherungskosten zu unterstützen, die bei geringem Eigenkapital gewöhnlich anfallen. Dieses Programm ist nicht das erste seiner Art in Australien. Als eines von vielen in anglokapitalistischen Gesellschaften sollte es Kaufinteressierten zu erstem Wohneigentum verhelfen. Auch wenn solche Maßnahmen mit Blick auf ihr eigentliches Ziel als erfolgreich gelten können, leisten sie keinen Beitrag, um das systembedingte Problem steigender Immobilienpreise anzugehen.[14]

Angesichts dieser offenkundigen Unfähigkeit von Regierungen, sinnvolle politische Initiativen zu ergreifen, um Wohnraum erschwinglicher zu machen, warteten Progressive naturgemäß mit radikaleren Vorschlägen auf.[15] Bei derlei Ansätzen wird aber häufig übersehen, dass die Immobilienpreisinflation kein eigenständiges Problem ist, sondern als ein Grundpfeiler in der Struktur neoliberaler Gesellschaften fungiert und in deren Wirkweisen tief verankert ist. In Zentralbanken herrscht beispielsweise ein klares Bewusstsein dafür, dass sich der Anstieg der Immobilienpreise nicht so einfach dadurch eindämmen lässt, dass sie die Leitzinssätze erhöhen. Angesichts erwarteter negativer Auswirkungen verzichten sie zunehmend auf dieses politische Instrument. Entsprechend stießen radikalere Maßnahmen, um Immobilien bezahlbarer zu machen, auch beim Wahlvolk häufig auf Ablehnung. Bei-

14 Daley/Coates, *Housing Affordability.*

15 Siehe zum Beispiel Christophers, »A Tale of Two Inequalities«; Ryan-Collins, *Why Can't You Afford a Home?*; Stein, *Capital City.*

spielhaft ist auch hier wieder Australien: Die Labor Party des Landes zog 2019 mit dem Vorschlag in den Bundeswahlkampf, Steuererleichterungen, von denen Immobilieninvestoren profitierten, abzuschaffen und Vergünstigungen bei der Besteuerung von Kapitalerträgen aus Immobilien zu reformieren. Durch diese Wahl – mit »alles ums Wohneigentum« etikettiert[16] – kehrte eine liberal-nationale Regierungskoalition an die Macht zurück, mit der gewohnten Herangehensweise an die Immobilienpreise und die Immobilienbesteuerung. Dieses Ergebnis sagt uns viel darüber, welche Rolle Immobilienbesitz und Immobilienpreise in den Dynamiken der neoliberalen Gesellschaften spielen: Erhebliche Teile der nationalen Wählerschaft (ausreichend groß, um politische Parteien ins Amt zurückzubringen) haben ein Interesse an der anhaltenden Vermögenspreisinflation, an Steuervergünstigungen für Immobilieninvestoren und an einer minimalen oder bei null liegenden Erbschaftssteuer. Auf diese Weise haben sich Immobilien zu einem erheblichen Generator von Ungleichheit entwickelt.

In der Art, wie die Politik und politische Gestaltung im Bereich des Wohnungswesens in einer Logik feststeckt, die Probleme kurzfristig nur dadurch lösbar macht, dass sie sie langfristig verschärft, spiegeln sich die grundlegenden Widersprüche im Kern der Asset-Ökonomie wider. In den Debatten des Mainstreams wurden diese in der aufstrebenden Theorie der säkularen Stagnation[17] aufgegriffen. Der Grundgedanke dabei – dass der Kapitalismus in ein Stadium langfristiger Stag-

16 Kehoe, »The Next Federal Election Will Be About Property«.
17 Summers, »The Age of Secular Stagnation«.

nation eingetreten ist, in dem sich jede Erholung als schwächer als die vorangegangene erweist – ist im Wesentlichen eine Variation von Pikettys unverblümterer Formel r>g – ein Ausdruck der Überzeugung, dass sich der Kapitalismus ohne ein Gegensteuern zu einem Paradies für Rentiers entwickeln wird. Jede Theorie wartet mit einer eigenen Argumentation dazu auf, dass sich die gegenwärtigen Ökonomien durch ein Übermaß an akkumulierten Finanzansprüchen im Verhältnis zur Produktionskapazität der Realwirtschaft auszeichnen. Zutreffend ist sicherlich, dass der Nutzen von Liquiditätsspritzen mit jeder neuen Runde einer quantitativen Lockerung – durch den Trickle-down-Effekt – immer schwerer bis auf die unteren Ebenen durchsickert. Aber die Anschauung, wonach das Kapital am Ende seiner Möglichkeiten angelangt sei, gehört immer noch ins Reich der Metaphysik.

Ganz ähnlich wie die Vorstellung von der zum Stillstand gekommenen Zeit bildet die Idee, dass das Räderwerk des wirtschaftlichen Fortschritts aussetzt, eine interessante Fußnote zum Zeitgeist, aber kein stimmiges analytisches Rahmenwerk. Was Summers und Piketty im Sinn natürlicher ökonomischer Gesetze zu fassen versuchen, lässt sich besser als eine Funktion spezieller Interessen bestimmter Wählerschaften und Schichten verstehen. Gut illustriert wird dies durch das Beispiel der Politik für das Wohnungswesen: Die Schwierigkeit besteht darin, die Erwartungen einer Wählerschaft aus Wohneigentümern der Mittelschicht zu erfüllen, ohne dabei Eintrittsbarrieren für die übrige Gesellschaft aufzurichten. Dieses politische Problem wird nur verständlich, wenn wir nachvollziehen, auf welchen Wegen die Politik der Vermögensdemokratisierung, die auf die Mittelschicht ausgerichtet war, am Ende die Grundlagen für ihre eigene Umsetzbarkeit ausgehöhlt hat. Die Logik der Vermögenswertsteigerung ist folglich nicht zwangsläufig aus ökonomischen *Gründen* an ihr Ende gelangt. Es gibt keine Schlussabrechnung mit Blick auf den einen Grundwert oder auf die Realwirtschaft. Aber auch wenn wir keinen logischen oder zwangsläufigen ökonomischen Übergang vor uns haben, so erscheint doch klar, dass wir insofern eine politische Veränderung durchleben, als es immer schwieriger wird, Wählerschaften davon zu überzeugen, dass das Streben nach einem kreditermöglichten Vermögensaufbau funktioniert.

Am deutlichsten macht sich dies in der wirtschaftlichen und politischen Volatilität bemerkbar, die sich immer sichtbarer auf die Prägung der Generation der Millennials auswirkt. In diesem Buch haben wir uns höchst kritisch über jeden Versuch geäußert, die Dimension der Generation unabhängig von der der Klasse zu betrachten, aber auch betont, dass die neue Logik von Klasse und Ungleichheit nur dann zu verstehen ist, wenn die generationelle Dimension mitbetrachtet wird. Es sind gerade die Millennials, unter denen sich die Bruchlinien auftun, die mehrere Jahrzehnte neoliberaler Politik verursacht haben. Bei ihnen finden wir eine zunehmend starke Abhängigkeit vom Familienwohlstand, der darüber bestimmt, wer in der Asset-Ökonomie Erfolg hat oder scheitert. Wie wir sahen, äußert sich *The Economist* besorgt über diese Entwicklung, weil sie kritische Ideen gegenüber dem Kapitalismus befördern könnte. Weitaus größere Sorge sollte uns wohl die Möglichkeit bereiten, dass die anhaltende gesellschaftliche Polarisierung Bewegungen nach Art Trumps mit einer Verbindung zwischen Populismus und Autoritarismus auf den Plan rufen.

In unserer Argumentation bietet die institutionelle Logik, durch welche die Asset-Ökonomie Gestalt annahm, keine einfachen Auswege, keine sofort verfügbaren politischen Optionen, um die von ihr geschaffenen Probleme zu entschärfen. Solange die institutionellen Parameter nicht grundlegend neukonfiguriert werden, sorgt die Asset-Ökonomie weiterhin für eine Polarisierung mit sozialen Reaktionen, welche die Herstellung politischer Legitimation und den sozialen Zusammenhalt gefährden. Malcolm Harris, der diesem Gefühl einer sich beschleunigenden Polarisierung mit den einhergehenden politischen Trends Ausdruck verleiht, sagt in seinem Buch *Kids These Days*[18] über seine Generation, dass sie als »Faschisten oder Revolutionäre, das eine oder das andere« enden werde. Dass sich der Zwang zu einer solchen politischen Entscheidung natürlich nicht auf die Angehörigen dieser Generation beschränkt, unterstreicht nur, was bei der rasanten Polarisierung der politischen Optionen auf dem Spiel steht. Und das bedeutet, dass die sozialistischen Affinitäten, die beim *Economist* und seiner gutsituierten Leserschaft solche Besorgnisse auslösen, vielleicht die einzig gangbare Alternative zu einer Zukunft sind, in der eine immer stärker verunsicherte öffentliche Meinung – befördert von der wachsenden wirtschaftlichen Ungleichheit – zu opportunistischen Zwecken politisch manipuliert wird.

18 Harris, *Kids These Days*, S. 227f.

Literaturverzeichnis

Aalbers, M. / Christophers, B., »Centering Housing in Political Economy«, in: *Housing, Theory and Society* 31(4) (2014), S. 373–394.

Adkins, L., *The Time of Money*, Stanford, CA 2018.

Adkins, L., »Social Reproduction in the Neoliberal Era: Payments, Leverage and the Minskian Household«, in: *Polygraph* 27 (2019), S. 19–33.

Adkins, L. / Cooper, M. / Konings, M., »Class in the 21st Century: Asset Inflation and the New Logic of Inequality«, in: *Environment and Planning A: Economy and Space*, 2019, DOI: 10.1177/0308518X19873673 [20.12.2023].

Arundel, A. / Lennartz, C., »Returning to the Parental Home: Boomerang Moves of Younger Adults and the Welfare Regime Context«, in: *Journal of European Social Policy* 27(3) (2017), S. 276–294.

Atkinson, A. / Leigh, A., »The Distribution of Top Incomes in Australia«, in: Atkinson A. / Piketty T. (Hg.), *Top Incomes Over the Twentieth Century*, Oxford 2007.

Atkinson, R. / Parker, S. / Burrows, R., »Elite Formation, Power and Space in Contemporary London«, in: *Theory, Culture and Society* 34(5–6) (2017), S. 179–200.

Baldwin, S. / Holroyd, E. / Burrows, R., »Luxified Troglodytism? Mapping the Subterranean Geographies of Plutocratic London«, in: *Architectural Research Quarterly* 23(3) (2019), S. 267–282.

Baraitser, L., *Enduring Time*, London 2017.

Barrett, G. / Whelan, S. / Wood, G. / Cigdem, M., »How Do Intergenerational Transfers Affect Housing and Wealth?«, in: *AHURI Research and Policy Bulletin* 203 (Dezember 2015), Melbourne, Vic: Australian Housing and Urban Research Institute Limited.

Barrett, G. / Cigdem, M. / Whelan, S. / Wood, G., »The Relationship Between Intergenerational Transfers, Housing and Economic Outcomes«, in: *AHURI Final Report* Nr. 250 (2015), Melbourne, Vic: Australian Housing and Urban Research Institute Limited.

Bartlett, B., »The Rise and Fall of Carter's 1978 Tax Reform«, in: *Tax Notes*, 18. Februar 2013, S. 881ff.

Beckert, J., *Unverdientes Vermögen oder illegitimer Eingriff in das Eigentumsrecht? Der öffentliche Diskurs um die Erbschaftssteuer in Deutschland und Österreich*, Köln: Max-Planck-Institut für Gesellschaftsforschung, 2016.

Bell, S., *Australia's Money Mandarins: The Reserve Bank and the Politics of Money*, Cambridge 2004.

Bell, S. / Keating, M., *Fair Share: Competing Claims and Australia's Economic Future*, Melbourne 2018.

Bennett, T. / Emmison, M. / Frow, J., *Accounting for Taste: Australian Everyday Cultures*, Cambridge 1999.

Bennett, T. / Savage, M. / Silva, E. B. / Warde, A. / Gayo-Cal, M. / Wright, D., *Culture, Class, Distinction*, Abingdon 2009.

Berardi, F., *After the Future*, Edinburgh 2011.

Berlant, L., *Cruel Optimism*, Durham 2011.

Birch, K., »Rethinking Value in the Bio-economy: Finance, Assetization, and the Management of Value«, in: *Science, Technology and Human Values* 42(3) (2017), S. 460–490.

Block, F. / Somers, M. R., *The Power of Market Fundamentalism: Karl Polanyi's Critique*, Cambridge MA 2014.

Blyth, M., *Wie Europa sich kaputtspart. Die gescheiterte Idee der Austeritätspolitik*, Bonn 2014.

Boltanski, L. / Chiapello, E., *The New Spirit of Capitalism*, London 2005.

Bridge, C. / Adams, T. / Phibbs, P. / Mathews, M. / Kendig, H., »Reverse Mortgages and Older People: Growth Factors and Implications for Retirement Decisions«, in: *AHURI Final Report* Nr. 146 (2010), Melbourne, Vic: Australian Housing and Urban Research Institute Limited.

Brink, L. / Teles, S. M., *The Captured Economy: How the Powerful Enrich Themselves, Slow Down Growth, and Increase Inequality*, Oxford 2017.

Brown, W., *Die schleichende Revolution. Wie der Neoliberalismus die Demokratie zerstört*, Berlin 2018.

Bryan, D. / Rafferty, M., *Risking Together: How Finance is Dominating Everyday Life in Australia*, Sydney 2018.

Bukodi, E / Goldthorpe, J., *Social Mobility and Education in Britain*, Cambridge 2018.

Burrows, R. / Knowles, C., »The ›Haves‹ and the ›Have Yachts‹: Socio-spatial Struggles in London between the ›Merely Wealthy‹ and the ›Super-rich‹«, in: *Cultural Politics* 15(1) (2019), S. 72–87.

Burrows, R. / Webber, R./Atkinson, R., »Welcome to ›Pikettyville‹? Mapping London's Alpha Territories«, in: *Sociological Review* 65 (2) (2017), S. 184–201.
Butrica B. / Mudrazija, S., *Home Equity Patterns Among Older American Households*, Washington, DC: Urban Institute, 2016.

Cahill, D. / Konings, M., *Neoliberalism*, Cambridge 2017.
Canterbery, E. R., *Wall Street Capitalism: The Theory of the Bondholding Class*, River Edge 2000.
Cazdyn, E., *The Already Dead: The New Time of Politics, Culture and Illness*, Durham, NC 2012.
Cebul, B., »Supply-side Liberalism: Fiscal Crisis, Postindustrial Policy, and the Rise of the New Democrats«, in: *Modern American History* 2 (2) (2019), S. 139–164.
Chomik, R., »We're Delaying Major Life Events, and Our Retirement Income System Hasn't Caught up«, in: *The Conversation*, 25. November 2019, www.theconversation.com/were-delaying-major-lifeevents-and-our-retirement-income-system-hasntcaught-up-127231 [20. 12. 2013].
Christophers, B., »Intergenerational Inequality? Labour, Capital, and Housing through the Ages«, in: *Antipode* 50 (1) (2018), S. 101–121.
Christophers, B., »A Tale of Two Inequalities: Housing-wealth Inequality and Tenure Inequality«, in: *Environment and Planning A: Economy and Space*, 2019, DOI: 10.1177/0308518X19876946 [20. 12. 2013].
Chwieroth, J. / Walter A., *The Wealth Effect: How the Great Expectations of the Middle Class Have Changed the Politics of Banking Crises*, Cambridge 2019.
Clapham, D. / MacKie, P. / Orford, S. / Thomas, I. / Buckley, K., »The Housing Pathways of Young People in the UK«, in: *Environment and Planning A: Economy and Space* 46 (8) (2014), S. 2016–2031.
Connelly, R. / Gayle, V. / Lambert, P., »A Review of Occupation-based Social Classifications for Social Survey Research«, in: *Methodological Innovations* 9 (2016), S. 1–14.
Cooper, M., *Family Values: Between Neoliberalism and the New Social Conservatism*, New York 2017.
Cooper, M. / Konings, M., »Contingency and Foundation: Rethinking Money, Debt and Finance after the Crisis«, in: *South Atlantic Quarterly* 114 (2) (2015), S. 239–290.
Cribb, J. / Hood, A. / Hoyle, J., »The Decline of Home Ownership among Young Adults, Briefing note«, Institute for Fiscal Studies, 16. Februar 2018.
Crompton, R., *Class and Stratification*, Cambridge 2008.

Cunningham, N. / Savage, M., »An Intensifying and Elite City: New Geographies of Social Class and Inequality in Contemporary London«, in: *City* 21(1) (2017), S. 25–46.

Daley, J. / Coates, B., *Housing Affordability: Re-imagining the Australian Dream*, Melbourne, Vic: The Grattan Institute, 2018.

Daley, J. / Wood, D., *The Wealth of Generations*, Melbourne, Vic: The Grattan Institute, 2014.

Dardot, P. / Laval, C., *Never Ending Nightmare: The Neoliberal Assault on Democracy*, London 2019.

Darling, A., HM Treasury Press Notice 134/07, Speech by the Chancellor of the Exchequer, the Rt Hon Alistair Darling MP, to the CBI Annual Conference, Business Design Centre, London, 27. November 2007.

Davidson, P. / Saunders, P. / Phillips, J., *Inequality in Australia 2018*, Sydney, NSW: ACOSS and UNSW Sydney, 2018.

Davis, G. F., *Managed by the Markets: How Finance Re-shaped America*, Oxford 2009.

DeVore, C., »Piketty Vs. Rognlie: Land Use Restrictions Inflate Housing Values, Drive Wealth Concentration« (2015), abrufbar unter www.forbes.com/sites/chuckdevore/2015/07/22/piketty-vs-rognlie-land-use-restrictions-inflate-housing-values-drive-wealth-concentration [12. 11. 2023].

Doganova, L. / Muniesa, F., »Capitalization Devices: Business Models and the Renewal of Markets«, in: Kornberger, M., Jutesen, L., Mouritsen, J., und Madsen, A. K. (Hg.), *Making Things Valuable*, Oxford 2015.

Domitrovic, B., *Econoclasts: The Rebels Who Sparked the Supply-Side Revolution and Restored American Prosperity*, Wilmington, DE: Intercollegiate Studies Institute, 2012.

Dorling, D., *Inequality and the 1%*, London 2014.

Dorling, D., *Peak Inequality: Britain's Ticking Time Bomb*, Bristol 2018.

Duménil, G. / Lévy, D., »Costs and Benefits of Neoliberalism: a Class Analysis«, in: Epstein, G. A. (Hg.), *Financialization and the World Economy*, Cheltenham 2005.

Duménil, G. / Lévy, D., *The Crisis of Neoliberalism*, Cambridge, MA 2013.

Elliot Major, L. / Machin, S., *Social Mobility and its Enemies*, London 2018.

Elliott, J., *The Micro-Economic Mode: Political Subjectivity and Contemporary Popular Aesthetics*, New York 2018.

Elson, D., »The Value Theory of Labour«, in: Elson, D. (Hg.), *Value: The Representation of Labour in Capitalism*, London 1979.

Epstein, G. A. / Jayadev, A., »The Rise of Rentier Incomes in OECD Countries: Financialization, Central Bank Policy and Labor Solidarity«, in: Epstein G. A. (Hg.), *Financialization and the World Economy*, Cheltenham 2005.

Eslake, S., *Australian Housing Policy: 50 Years of Failure. Submission to the Senate Economics References Committee, 21st December*, Canberra, ACT: Parliament House Australia, 2013.

Exley, D., *The End of Aspiration: Social Mobility and Our Children's Fading Prospects*, Bristol 2019.

Feher, M., »Self-appreciation; or, the Aspirations of Human Capital«, in: *Public Culture* 21(1) (2009), S. 21–41.

Feher, M., *Rated Agency: Investee Politics in a Speculative Age*, New York 2018. (Originaltitel: *Le Temps des investis. Essai sur la nouvelle question sociale*, Paris 2017.)

Feldstein, M., »Inflation and Capital Formation«, in: *Wall Street Journal*, 27. Juli 1978.

Feldstein, M. / Slemrod, J., »Inflation and the Excess Taxation of Capital Gains on Corporate Stock«, in: *National Tax Journal* 31(2) (1978), S. 107–118.

Financial Times, »Quantitative Easing was the Father of Millennial Socialism«, 1. März 2019.

Fisher, M., *Gespenster meines Lebens: Depression, Hauntology und die verlorene Zukunft*, Berlin 2015.

Flynn, L., »Delayed and Depressed: from Expensive Housing to Smaller Families«, in: *International Journal of Housing Policy* 17(3) (2017), S. 374–395.

Flynn, L. B. / Schwartz, H. M., »No Exit: Social Reproduction in an Era of Rising Income Inequality«, in: *Politics and Society* 45(4) (2017), S. 471–503.

Forrest, R. / Koh, S. Y. / Wissink, B. (Hg.), *Cities and the Super-Rich: Real Estate, Elite Practices and Urban Political Economies*, London 2017.

Fox O'Mahony, L. / Overton, L., »Asset-based Welfare, Equity Release and the Meaning of the Owned Home«, in: *Housing Studies* 30(3) (2015), S. 392–412.

Fraser, N. / Jaeggi, R., *Kapitalismus. Ein Gespräch über kritische Theorie*, hrsg. v. Brian Milstein, Berlin 2020.

Friedman, S. / Laurison, D., *The Class Ceiling: Why it Pays to be Privileged*, Bristol 2019.

Fuller, G. W., *The Political Economy of Housing Financialization*, Newcastle upon Tyne: Agenda, 2019.

Gane, N., »Central Banking, Technocratic Governance and the Financial Crisis: Placing Quantitative Easing into Question«, in: *Sosiologia* 4 (2015), S. 381–396.

Gardiner, L., *Stagnation Generation: The Case for Renewing the Intergenerational Contract*, London 2016.

Glucksberg, L. / Burrows, R., »Family Offices and the Contemporary Infrastructures of Dynastic Wealth«, in: *Sociologica, Italian Journal of Sociology Online* 2 (2016), S. 1–22. DOI: 10.2383/85289 [21. 12. 2023].

Goldthorpe, J. / Marshall, G., »The Promising Future of Class Analysis: a Response to Recent Critiques«, in: *Sociology* 26(3) (1992), S. 381–400.

Goodhart, C., »What Weight Should be Given to Asset Prices in the Measurement of Inflation?«, in: *The Economic Journal* 111(472) (2001), S. 335–356.

Graeber, D., *Schulden. Die ersten 5000 Jahre*, Stuttgart 2022.

Graetz, M. J., »The Democrats' Tax Program«, in: *Wall Street Journal*, 11. August 1976, S. 12.

Greenspan, A., *Issues for Monetary Policy*, Rede vom 19. Dezember 2002, Washington, DC: Federal Reserve Board, 2002.

Greider, W., *Secrets of the Temple: How the Federal Reserve Runs the Country*, New York 1989.

Guyer, J., »Housing as ›Capital‹«, in: *Hau: Journal of Ethnographic Theory* 5 (1) (2015), S. 495–500.

Hamnett, C., *Winners and Losers: Home Ownership in Modern Britain*, London 1999.

Harrington, B., *Capital Without Borders: Wealth Managers and the One Percent*, Cambridge, MA 2016.

Harris, M., *Kids These Days: Human Capital and the Making of Millennials*, New York 2017.

Hayes, M., »The Social History of Quantifying Inflation: a Sociological Critique«, in: *Journal of Economic Issues* 45 (1) (2011), S. 97–112.

Head, J. C., »Australian Tax Reform: Which Way Ahead?«, in: *The Economic and Labour Relations Review* 1 (2) (1990), S. 81–107.

Healey, N. M., »The Thatcher Supply-side ›Miracle‹: Myth or Reality?«, in: *The American Economist* 36 (1) (1992), S. 7–12.

Henwood, D., *After the New Economy*, New York 2003.

Hibbs, D. A., *The American Political Economy: Macroeconomics and Electoral Politics*, Cambridge, MA 1987.

Hoerr, J. P., *And the Wolf Finally Came: The Decline and Fall of the American Steel Industry*, Pittsburgh 1988.

Hood, A. / Joyce, R., *Inheritances and Inequality Across and Within Generations*, London: Institute for Fiscal Studies, 2017.

House of Lords Select Committee, *Tackling Intergenerational Unfairness*, Select Committee on Intergenerational Fairness and Provision, Report of Session 2017–2019, HL Paper 329. London: HMSO, 2019.

Hudson, M., *The Bubble and Beyond: Fictitious Capital, Debt Deflation and Global Crisis*, New York: ISLET, 2012.

Humphrys, E., *How Labour Built Neoliberalism: Australia's Accord, the Labour Movement and the Neoliberal Project*, Leiden 2019.

Humphrys, E. / Cahill, D., »How Labour Made Neoliberalism«, in: *Critical Sociology* 43 (4–5) (2017), S. 669–684.

Jordà, O. / Knoll, K. / Kuvshinov, D. / Schularick, M. / Taylor, A. M., »The Rate of Return on Everything, 1870–2015«, in: *Quarterly Journal of Economics* 134 (3) (2019), S. 1225–1298.

Katic, P. / Leigh, A., »Top Wealth Shares in Australia 1915–2012«, in: *Review of Income and Wealth* 62 (2) (2016), S. 209–222.

Kaufman, B. E., *The Global Evolution of Industrial Relations: Events, Ideas and the IIRA*, Genf: International Labour Office (ILO), 2004.

Keen, S., *Debunking Economics: The Naked Emperor Dethroned?*, London / New York 2011.

Keen, S., *Can We Avoid Another Financial Crisis?*, Cambridge 2017.

Kehoe, J., »The Next Federal Election Will Be About Property. We Explain the Competing Policies«, in: *Financial Review*, 16. November 2018, www.afr.com/property/the-next-federal-election-will-be-about-property-weexplain-the-competing-policies-20181115-h17ybu [21. 12. 2023].

Keynes, J. M., *Ein Traktat über Währungsreform*, Berlin 1997 [1924].

Keynes, J. M., *Allgemeine Theorie der Beschäftigung, des Zinses und des Geldes*, Berlin 1997 [1936].

Kohler, C., »Majority of First-home Buyers Now Use ›Bank of Mum and Dad‹«, (2018), https://www.domain.com.au/money-markets/majority-of-firsthome-buyers-now-use-bank-of-mum-and-dad-20180502-hozjun-432274/ [21. 12. 2023].

Konings, M., »Rethinking Neoliberalism and the Subprime Crisis: Beyond the Re-regulation Agenda«, in: *Competition and Change* 13 (2) (2009), S. 108–127.

Konings, M., *Kapital und Zeit. Für eine neue Kritik der neoliberalen Vernunft*, Bielefeld 2021.

Köppe, S., »Passing It on: Inheritance, Co-residence and the Influence of Parental Support on Homeownership and Housing Pathways«, in: *Housing Studies* 33(2) (2018), S. 224ff.

Krause-Frantzen, M., *Going Nowhere, Slow: The Aesthetics and Politics of Depression*, Croydon 2019.

Krippner, G. R., *Capitalizing on Crisis: The Political Origins of the Rise of Finance*, Cambridge, MA 2011.

Kuttner, R., *Revolt of the Haves: Tax Rebellions and Hard Times*, New York 1980.

La Cava, G. / Leal, H. / Zurawski, A., »Housing Accessibility for First Home Buyers«, in: *Reserve Bank of Australia Bulletin*, Dezember 2017, S. 19–28.

Laffer, A. / Moore, S. / Tanous, P., *The End of Prosperity: How Higher Taxes Will Doom the Economy – If We Let It Happen*, New York 2009.

Lambert, P. / Bihagen, E., »Using Occupationbased Social Classifications«, in: *Work, Employment and Society* 28(3) (2014), S. 481–494.

Lamont, M., *Money, Morals and Manners: The Culture of the French and the American Upper-Middle Class*, Chicago 1992.

Lapavitsas, C., »Financialized Capitalism: Crisis and Financial Expropriation«, in: *Historical Materialism* 17(2) (2009), S. 117–148.

Lapavitsas, C., *Profiting without Producing: How Finance Exploits Us All*, London / New York 2014.

Lazonick, W., *Sustainable Prosperity in the New Economy? Business Organization and High-Tech Employment in the United States*, Kalamazoo, MI: WE Upjohn Institute for Employment Research, 2009.

Lazzarato, M., *The Making of the Indebted Man*, Los Angeles, CA: Semiotext(e), 2011. (Originaltitel: *Fabrique de l'homme endetté. Essai sur la condition néoliberale*, Paris 2011.)

Lazzarato, M., *Governing by Debt*, Los Angeles, CA: Semiotext(e), 2015. (Originaltitel: *Gouverner par la dette*, Paris 2014.)

Leyshon, A. / Thrift, N., »The Capitalization of Almost Everything: the Future of Finance and Capitalism«, in: *Theory, Culture & Society* 24(7–8) (2007), S. 97–115.

Liu, E. Y. / Easthope, H. / Judd, B. / Burnley, I., »Housing Multigenerational Households in Australian Cities: Evidence from Sydney and Brisbane at the Turn of the Twenty-first Century«, in: Dufty-Jones, R./Rogers, D. (Hg.), *Housing in Twenty-First Century Australia: People, Practices and Policies*, Aldershot 2015.

Lury, C., »Topological Sense-making: Walking the Mobius Strip from Cultural Topology to Topological Culture«, in: *Space and Culture* 16(2) (2013), S. 128–132.
Lury, C. / Parisi, L. / Terranova, T., »Introduction: the Becoming Topological of Culture«, in: *Theory, Culture and Society* 29(4–5) (2012), S. 3–35.

Manish, G. P. / O'Reilly, C., »Banking Regulation, Regulatory Capture and Inequality«, in: *Public Choice* 180(1) (2019), S. 145–164.
Mannheim, K., »The Problem of Generations«, in: Kecskemeti, P. (Hg.), *Essays on the Sociology of Knowledge: Collected Works*, Bd. 5, New York 1952 [1923].
Martin, R., *Financialization of Daily Life*, Philadelphia 2002.
McCarty, N., »Complexity, Capacity, and Capture«, in: Carpenter, D. / Moss, D. A. (Hg.), *Preventing Regulatory Capture: Special Interest Influence and How to Limit It*, Cambridge 2013, S. 99–123.
McClanahan, A., »Life Expectancies: Mortality, Exhaustion, and Economic Stagnation«, in: *Theory & Event* 22(2) (2019), S. 360–381.
McGovern, P. / Hill, S. / Mills, C. / White, M., *Market, Class and Employment*, Oxford 2007.
Medhurst, J., *That Option No Longer Exists: Britain 1974–76*, Croydon 2014.
Mehrling, P., »The Vision of Hyman P. Minsky«, in: *Journal of Economic Behavior & Organization* 39(2) (1999), S. 129–158.
Michelmore, M., *Tax and Spend: The Welfare State, Tax Politics, and the Limits of American Liberalism*, Philadelphia 2012.
Milanovic, B., *Die ungleiche Welt. Migration, das Eine Prozent und die Zukunft der Mittelschicht*, Berlin 2016.
Minarik, J., *Who Doesn't Bear the Tax Burden?*, Washington, DC: Brookings Institution, 1980.
Minsky, H., *Can ›It‹ Happen Again?*, New York 1982.
Minsky, H., »Uncertainty and the Institutional Structure of Capitalist Economies: Remarks upon Receiving the Veblen-Commons Award«, in: *Journal of Economic Issues* 30(2) (1996), S. 357–368.
Minsky, H., *Stabilizing an Unstable Economy*, New York 2008 [1986].
Mirowski, P., *Untote leben länger*, Berlin 2019.
Muniesa, F., »A Flank Movement in the Understanding of Valuation«, in: Adkins, L. / Lury, C. (Hg.), *Measure and Value*, Oxford 2011.
Muniesa, F., »Setting the Habit of Capitalization: the Pedagogy of Earning Power at the Harvard Business School, 1920–1940«, in: *Historical Social Research* 41(2) (2016), S. 196–217.

Muniesa, F. / Doganova, L. / Ortiz, H. / Pina-Stranger, A. / Paterson, F. / Bourgoin, A. / Ehrenstein, V. / Juven, P.-A. / Pontille, D. / Sarac-Lesavre, B / Yon, G., *Capitalization: A Cultural Guide,* Paris 2017.

Naidu, S., »A Political Economy Take on W/Y«, in: Boushey, H. / Delong, J. B. / Steinbaum, M. (Hg.), *After Piketty: The Agenda for Economics and Inequality,* Cambridge, MA 2017, S. 99–125.

Negri, A., »Value and Affect«, in: *boundary 2* 26 (2) (1999), S. 77–88.

OECD, *A Broken Social Elevator? How to Promote Social Mobility,* Paris: OECD Publishing, 2018.

Oliver, D. / McDonald, P. / Stewart, A. / Hewitt, A., *Unpaid Work Experience in Australia: Prevalence, Nature and Impact,* Canberra, ACT: Commonwealth Department of Employment, 2016.

Onaran, O. / Stockhammer, E. / Grafl, L., »Financialisation, Income Distribution and Aggregate Demand in the USA«, in: *Cambridge Journal of Economics* 35 (4) (2011), S. 637–661.

Ong, R. / Jefferson, T. / Austen, S. / Haffner, M. / Wood, G., »Housing Equity Withdrawal in Australia«, in: *AHURI Research and Policy Bulletin* 176 (August 2014), Melbourne, Vic: Australian Housing and Urban Research Institute Limited.

Ong, R. / Wood, G., »More People are Retiring with High Mortgage Debts. The Implications are Huge«, in: *The Conversation*, 12. Juni 2019, www.theconversation.com/more-people-are-retiring-with-high-mortgage-debtsthe-implications-are-huge-115134 [21. 12. 2023].

Palley, T., *From Financial Crisis to Stagnation: The Destruction of Shared Prosperity and the Role of Economics,* Cambridge 2012.

Parkinson, S. / Rowley, S. / Stone, W. / James, A. / Spinney, A. / Reynolds, M., *Young Australians and the Housing Aspirations Gap* (2019), Melbourne, Vic: Australian Housing and Urban Research Institute Limited.

Phillips, K., *The Politics of Rich and Poor: Wealth and the American Electorate in the Reagan Aftermath,* New York 1990.

Phillips, K., *Die amerikanische Geldaristokratie. Eine politische Geschichte des Reichtums in den USA,* Frankfurt a. M. / New York 2003.

Piketty, T., *Das Kapital im 21. Jahrhundert,* München 2023.

Pixley, J. / Whimster, S. / Wilson, S., »Central Bank Independence: a Social Economic and Democratic Critique«, in: *The Economic and Labour Relations Review* 24 (1) (2013), S. 32–50.

Quiggin, J., »Economic Policy«, in: Manne, R. (Hg.), *The Howard Years*, Melbourne, Vic: Black Inc., 2004.

Reay, D., *Class Work: Mothers' Involvement in Their Children's Primary Schooling*, London 1998.
Reeves, R. V., *Dream Hoarders*, Washington 2018.
Reich, R., *The Work of Nations: Preparing Ourselves for 21st Century Capitalism*, New York 1991.
Resolution Foundation, *A New Generational Contract: The Final Report of the Intergenerational Commission*, London 2018.
Review of Business Taxation, *A Tax System Redesigned, More Certain, Equitable and Durable (The Ralph Report)*, Canberra, ACT: Australian Government Publishing Service, Juli 1999.
Reynolds, A., *Capital Gains Tax: Analysis of Reform Options for Australia*, Washington, DC: Hudson Institute, 1999.
Roberts, C. / Blakeley, G. / Murphy, L., *A Wealth of Difference: Reforming the Taxation of Wealth*, London: Institution for Public Policy Research (IPPR), 2018.
Rognlie, M., »Deciphering the Fall and Rise of the New Capital Share«, in: *Brookings Papers on Economic Activity*, Frühjahr 2015, S. 1–54.
Ronald, R. / Lennartz, C., »Housing Careers, Intergenerational Support and Family Relations«, in: *Housing Studies* 33 (2) (2018), S. 147–159.
Ronald, R. / Lennartz, C. / Kadi, J., »What Ever Happened to Asset-based Welfare? Shifting Approaches to Housing Wealth and Welfare Security«, in: *Policy and Politics* 45 (2) (2017), S. 173–193.
Rosa, H., *Beschleunigung. Die Veränderung der Zeitstrukturen in der Moderne*, Frankfurt am Main 2005.
Rose, D. / Harrison, E. (Hg.), *Social Class in Europe: An Introduction to the European Socioeconomic Classification*, Abingdon 2011.
Ryan-Collins, J., *Why Can't You Afford a Home?*, Cambridge 2018.
Ryan-Collins, J. / Lloyd, T. / Macfarlane, L., *Rethinking the Economics of Land and Housing*, London 2017.

Savage, M., »Piketty's Challenge for Sociology«, in: *The British Journal of Sociology* 65(4) (2014), S. 591–606.
Savage, M., »The Fall and Rise of Class Analysis in British Sociology, 1950–2016«, in: *Tempo Social, Revista de Sociologia da USP* 28 (2) (2016), S. 57–72.

Savage, M. / Cunningham, N. / Devine, F. / Friedman, S. / Laurison, D. / McKenzie, L. / Miles, A. / Snee H. / Wakeling, P., *Social Class in the 21st Century*, London 2015.

Savage, M. / Devine, F. / Cunningham, N. / Taylor, M. / Yaojun, L. / Hjelbrekke, J. / Le Roux, B. / Friedman, S. / Miles, A., »A New Model of Social Class? Findings from the BBC's Great British Class Survey Experiment«, in: *Sociology* 47(2) (2013), S. 219–250.

Schuldes, M., *Retrenchment in the American Welfare State: The Reagan and Clinton Administrations in Comparative Respective*, Münster 2011.

Schwartz, H. / Seabrooke, L. (Hg.), *The Politics of Housing Booms and Busts*, Basingstoke 2009.

Seely, A., *Capital Gains Tax: The 2008 Reforms. Standard Note: SN4652* (3. Juni 2010), London: House of Commons Library, 2010.

Shackle, G. L. S., *Epistemics and Economics: A Critique of Economic Doctrines*, Cambridge 1972.

Shaw, R., *Generation Priced Out: Who Gets to Live in the New Urban America*, Oakland, CA 2018.

Shepherd, J., *Crisis? What Crisis? The Callaghan Government and the British ›Winter of Discontent‹*, Oxford 2016.

Sheppard, J. / Biddle, N., »Class, Capital and Identity in Australian Society«, in: *Australian Journal of Political Science* 52(4) (2017), S. 500–516.

Sherman, R., *Uneasy Street: The Anxieties of Affluence*, Princeton 2017.

Sherraden, M., »Assets and Public Policy«, in: Sherraden, M. (Hg.), *Inclusion in the American Dream: Assets, Poverty, and Public Policy*, Oxford 2005.

Silk, L., »McGovern Tax Proposals Examined«, in: *The New York Times*, 5. Juli 1972.

Simon, J. / Stone, T., *The Property Ladder after the Financial Crisis*, Research Discussion Paper 5, Economic Research Department, Reserve Bank of Australia, 2017.

Skeggs, B., *Formations of Class and Gender*, London 1997.

Skerrett, K. / Weststar, J. / Archer, S. / Roberts, C. (Hg.), *The Contradictions of Pension Fund Capitalism*, Ithaca, NY 2017.

Soederberg, S., *Debtfare States and the Poverty Industry: Money, Discipline and the Surplus Population*, Abingdon 2014.

Southwood, I., *Non-Stop Inertia*, Winchester 2011.

Standing, G., *Prekariat. Die neue explosive Klasse*, Münster 2015.

Standing, G., *The Corruption of Capitalism: Why Rentiers Thrive and Work Does Not Pay*, London 2016.

Stein, S., *Capital City: Gentrification and the Real Estate State,* London / New York 2019.
Sternberg, J., *The Theft of a Decade: How the Baby Boomers Stole the Millennials' Economic Future,* New York 2019.
Stilwell, F., *The Political Economy of Inequality,* Cambridge 2019.
Strange, S., *States and Markets,* London 1988.
Streeck, W., *Gekaufte Zeit. Die vertagte Krise des demokratischen Kapitalismus,* Berlin 2013.
Summers, L., »The Age of Secular Stagnation: What it is and What to Do about It«, in: *Foreign Affairs,* März/April 2016, S. 2–9.
Switzer, T., »Anxiety plus Ignorance: Why Millennials Are Embracing Socialism«, in: *Sydney Morning Herald,* 23. Februar 2019.
Sydney Morning Herald, »Howard's Crackpot Capital Gains Tax Reforms Fail«, 6. September 2004.

Tadiar, N. X. M., »Life-times in Fate Playing«, in: *South Atlantic Quarterly* 111(4) (2012), S. 783–802.
Tadiar, N.X.M., »Life-times of Disposability within Global Neoliberalism«, in: *Social Text* 35(1) (2013), S. 19–48.
The Economist, »Millennial Socialism«, 14 Februar 2019.
Thrift, N., *Non-Representational Theory: Space, Politics, Affect,* Abingdon 2008.

Udagawa, C. / Sanderson, P., *The Impacts of Family Support on Access to Homeownership for Young People in the UK,* London: Social Mobility Commission, 2017.
US Census Bureau, *Homeownership Rate for the United States* [RHORUSQ156N], Federal Reserve Bank of St Louis, 2019, https://fred.stlouisfed.org/series/RHORUSQ156N [21. 12. 2013].

Watlington, C., »Who Owns Tomorrow?«, *Commune 3,* https://communemag.com/who-owns-tomorrow/ [21. 12. 2023].
Weber, R., *From Boom to Bubble: How Finance Built the New Chicago,* Chicago 2015.
Willetts, D., *The Pinch: How the Baby Boomers Took Their Children's Future – And Why They Should Give It Back,* London 2010.
Willetts, D., »Intergenerational Warfare: Who Stole the Millennials' Future?«, in: *Financial Times,* 2. Juli 2019.
Wolff, E. N., »The Rich Get Increasingly Richer«, Economic Policy Institute Briefing Paper, 1993.

Wolff, E. N., »Household Wealth Trends in the United States, 1983–2010«, in: *Oxford Review of Economic Policy* 30(1) (2014), S. 21–43.
Wood, D. / Griffiths, K., *Generation Gap: Ensuring a Fair Go for Younger Australians*, Melbourne, Vic: Grattan Institute, 2019.
Woodman, D. / Wyn, J., *Youth and Generation: Rethinking Change and Inequality in the Lives of Young People*, London 2015.
Woodward, B., *The Agenda: Inside the Clinton White House*, New York 1994.
Wray, R. L., *Why Minsky Matters: An Introduction to the Work of a Maverick Economist*, Princeton, NJ 2016.
Wright, E. O., *Class, Crisis and the State*, London 1978.
Wright, E. O., *Class Structure and Income Determination*, New York 1979.
Wright, E. O., *Classes*, London 1985.
Wright, E. O., *Class Counts: Comparative Studies in Class Analysis*, Cambridge 1997.
Wright, E. O., »A General Framework for the Analysis of Class Structure«, in: Wright, E. O. (Hg.), *The Debate on Classes*, London: Verso, 1998 [1989].
Wright Mills, C., *Soziologische Phantasie*, hrsg. v. Stephan Lessenich, Wiesbaden 2016.

Yeates, C., »NAB and Westpac Say More Parents Guaranteeing Kids' Loans«, in: *Sydney Morning Herald*, 23. November 2016.

Zaloom, C., *Indebted: How Families Make College Work at Any Cost*, Princeton 2019.